Cambridge Plain Texts

E. T. A. HOFFMANN

MEISTER MARTIN DER KÜFNER UND SEINE GESELLEN

T0346149

E. T. A. HOFFMANN

MEISTER MARTIN
DER KÜFNER UND
SEINE GESELLEN

CAMBRIDGE
AT THE UNIVERSITY PRESS
1951

CAMBRIDGE UNIVERSITY PRESS
Cambridge, New York, Melbourne, Madrid, Cape Town,
Singapore, São Paulo, Delhi, Mexico City

Cambridge University Press
The Edinburgh Building, Cambridge CB2 8RU, UK

Published in the United States of America by Cambridge University Press, New York

www.cambridge.org
Information on this title: www.cambridge.org/9781107696716

First published 1951
Re-issued 2013

A catalogue record for this publication is available from the British Library

ISBN 978-1-107-69671-6 Paperback

EINLEITUNG

Die Novelle *Meister Martin der Küfner und seine Gesellen* erschien zuerst im *Taschenbuch zum geselligen Vergnügen auf das Jahr* 1819, und dann wieder im zweiten Bande (1819) der *Serapionsbrüder*, einer locker zusammengestellten Rahmenerzählung, die 1819–20 eine Auswahl der Erzählungen und Märchen Hoffmanns brachte. Die Geschichte atmet den Geist der Frühromantik und bewegt sich in den seit Wackenroder und Tieck längst vertrauten Vorstellungskreisen der Sehnsucht nach der deutschen Vergangenheit, des biederen Handwerkerdaseins und des Künstlerlebens. Überall werden romantische Themen angeschlagen, treten romantische Wunschbilder auf: die Welt der Nürnberger Meistersinger, das treuherzige Wesen der Zünfte, die festgeregelte Sicherheit der Stände; wandernde Gesellen, Volksfeste, Musik und Lieder, idealisierte Landschaft, ein mittelalterlich schönes Stadtbild, Ahnungen auch der schönen Fremde — der Künstlerwelt Italiens.

Vertieft man sich aber in die Geschichte, so fällt einem gleich auf, daß man sich nicht mehr im sehnsüchtig träumerischen Wunschbildsbereich des Klosterbruders oder Franz Sternbalds befindet. Gleich aus der kräftigen, humorvollen Charakterschilderung des eingebildeten, störrischen aber doch herzensguten Küfners, Meister Martin, weht eine ganz andere Luft. Alle Menschen sind plastischer gebildet und psychologisch feiner und realistischer aufgefaßt. Die Erzählungsform ist straffer und abgerundeter als bei Tieck, Beschreibung und Handlung ergänzen sich und fließen harmonisch in einander über, die Darstellung

v

des Alltagslebens und -handelns hält der Schilderung der Gemützustände die Waage. So ist zum Beispiel die Beschreibung des rein technischen Verfahrens des Küfnerhandwerks, und auch des Meistergesangs in einer frühromantischen Erzählung undenkbar.

Eng steht dieser Unterschied mit der Persönlichkeit E. T. A. Hoffmanns in Zusammenhang. Obgleich er in der romantischen Welt des sehnsüchtigen Traums zuhause war, so war er auch technisch Meister des Handwerklichen in der Musik und übte bis zu seinem Lebensende gewissenhaft seinen juristischen Beruf aus. Die Brücke zwischen diesen beiden grundverschiedenen Welten zu finden war das immerwährende Bestreben seines unruhigen Lebens und im Grunde das Thema der meisten seiner Werke, sowie auch dieser schlichten Novelle. Gegen Anfang seiner künstlerischen Laufbahn glaubte er in der wunderbaren Atlantis, der Traumwelt des Studenten Anselmus im *Goldenen Topf* (1814), einen sicheren Wohnort für seine Persönlichkeit und seinen Geist gefunden zu haben. Anders und nüchterner urteilt er in dieser späteren Novelle. Der reine Künstler, der Geselle Reinhold, paßt überhaupt nicht in die hergebrachte Alltagswelt; nachdem er im künstlerischen Schaffen, in seinem Bilde der geliebten Meisterstochter, Rosa, seine Sehnsucht gestillt hat, muß er weiter träumen, bilden und wandern. Der Geselle Friedrich dagegen, der auch in dem Philisterdasein des reinen Handwerkers zugrunde gehen würde, findet in der Ausübung der Kunst der Silbergießerei, die aus beiden Welten Kraft schöpft, seine eigentliche Bestimmung. Als Symbol seiner Lebens- und Kunsttüchtigkeit gewinnt er den Preis, sein Liebesglück mit der Tochter des Meisters. Der dritte Geselle endlich, der wilde, kräftige Junker Konrad, hat keine Problematik der Kunst, sondern eine des Lebens zu überwinden. Kunst ist für ihn nur schöner Überfluß des ritterlichen Lebens. Er darf trotz seiner Liebe zur Handwerkerstochter die Rangesunterschiede nicht außer Acht lassen, und indem er um eine "Rosa" seines eigenen Standes wirbt, findet er sein eigentliches Liebesglück.

Wir bieten einen dem heutigen Schreibgebrauch angepaßten Text, dem die historisch-kritische Ausgabe von C. G. v. Maassen (*E. T. A. Hoffmanns Sämtliche Werke*, Bd 6, München und Leipzig, 1912) zugrundeliegt. Zur weiteren Lektüre:

Walther Harich. *E. T. A. Hoffmann. Das Leben eines Künstlers*, 2 Bände, Vierte Auflage. Berlin, 1920.

Kurt Willimczik. *E. T. A. Hoffmann. Die Drei Reiche seiner Gestaltenwelt*. Berlin, 1939.

H. W. Hewett-Thayer. *E. T. A. Hoffmann. The Author of the Tales*. Princeton, 1948.

E. C. STOPP

VORWORT

Wohl mag dir auch, geliebter Leser, das Herz aufgehen in ahnungsvoller Wehmut, wenn du über eine Stätte wandelst, wo die herrlichen Denkmäler altdeutscher Kunst wie beredte Zeugen den Glanz, den frommen Fleiß, die Wahrhaftigkeit einer schönen vergangenen Zeit verkünden. Ist es nicht so, als trätest du in ein verlassenes Haus? — Noch liegt aufgeschlagen auf dem Tische das fromme Buch, in dem der Hausvater gelesen, noch ist das reiche bunte Gewebe aufgehängt, das die Hausfrau gefertigt; allerlei köstliche Gaben des Kunstfleißes, an Ehrentagen beschert, stehen umher in saubern Schränken. Es ist, als werde nun gleich einer von den Hausgenossen eintreten und mit treuherziger Gastlichkeit dich empfangen. Aber vergebens wartest du auf die, welche das ewig rollende Rad der Zeit fortriß, du magst dich denn überlassen dem süßen Traum, der dir die alten Meister zuführt, die zu dir reden fromm und kräftig, daß es dir recht durch Mark und Bein dringt. Und nun verstehst du erst den tiefen Sinn ihrer Werke, denn du lebst in ihrer Zeit und hast die Zeit begriffen, welche Meister und Werk erzeugen konnte. Doch ach! geschieht es nicht, daß die holde Traumgestalt, eben als du sie zu umfangen gedachtest mit liebenden Armen, auf lichten Morgenwolken scheu entflieht vor dem polternden Treiben des Tages und du, brennende Tränen im Auge, dem immer mehr verbleichenden Schimmer nachschauest? — So erwachst du auch plötzlich, hart berührt von dem um dich wogenden Leben, aus dem schönen Traum, und nichts bleibt dir zurück als die tiefe Sehnsucht, welche mit süßen Schauern deine Brust durchbebt.

Solche Empfindungen erfüllten den, der für dich, geliebter Leser, diese Blätter schreibt, jedesmal, wenn ihn sein Weg durch die weltberühmte Stadt Nürnberg führte. Bald vor dem wundervollen Bau des Brunnens am Markte verweilend, bald das Grabmal in St. Sebald, das Sakramenthäuslein in St. Laurenz, bald auf der Burg, auf dem Rathause Albrecht Dürers tiefsinnige Meisterwerke betrachtend, gab er sich ganz hin der süßen Träumerei, die ihn mitten in alle Herrlichkeit der alten Reichsstadt versetzte. Er gedachte jener treuherzigen Verse des Paters Rosenblüth:

"O Nürnberg, du edler Fleck,
Deiner Ehren Bolz steckt am Zweck,
Den hat die Weisheit daran geschossen,
Die Wahrheit ist in dir entsprossen."

Manches Bild des tüchtigen Bürgerlebens zu jener Zeit, wo Kunst und Handwerk sich in wackerem Treiben die Hände boten, stieg hell empor und prägte sich ein dem Gemüt mit besonderer Lust und Heiterkeit. Laß es dir nun gefallen, geliebter Leser, daß eins dieser Bilder vor dir aufgestellt werde. Vielleicht magst du es mit Behaglichkeit, ja wohl mit gemütlichem Lächeln anschauen, vielleicht wirst du selbst heimisch in Meister Martins Hause und verweilst gern bei seinen Kufen und Kannen. Nun! — dann geschähe ja das wirklich, was der Schreiber dieser Blätter so recht aus Grund des Herzens wünscht.

WIE HERR MARTIN ZUM KERZENMEISTER
ERWÄHLT WURDE UND SICH
DAFÜR BEDANKTE

Am ersten Mai des Jahres Eintausendfünfhundert-
undachtzig hielt die ehrsame Zunft der Böttcher,
Küper oder Küfner in der freien Reichsstadt
Nürnberg, alter Sitte und Gewohnheit gemäß,
ihre feierliche Gewerksversammlung. Kurze Zeit
vorher war einer der Vorsteher oder sogenannten
Kerzenmeister zu Grabe getragen worden, deshalb
mußte ein neuer gewählt werden. Die Wahl fiel
auf den Meister Martin. In der Tat mochte es
beinahe keiner ihm gleichtun an festem und
zierlichem Bau der Fässer, keiner verstand sich so
wie er auf die Weinwirtschaft im Keller, weshalb
er denn die vornehmsten Herren unter seinen
Kunden hatte und in dem blühendsten Wohl-
stande, ja wohl in vollem Reichtum lebte. Deshalb
sprach, als Meister Martin gewählt worden, der
würdige Ratsherr Jakobus Paumgartner, der der
Zunft als Handwerksherr vorstand: "Ihr habt sehr
wohl getan, meine Freunde, den Meister Martin
zu euerm Vorsteher zu erkiesen, denn in bessern
Händen kann sich gar nicht das Amt befinden.
Meister Martin ist hochgeachtet von allen, die ihn
kennen, ob seiner großen Geschicklichkeit und
seiner tiefen Erfahrnis in der Kunst, den edlen
Wein zu hegen und zu pflegen. Sein wackrer
Fleiß, sein frommes Leben, trotz alles Reichtums,
den er erworben, mag euch allen zum Vorbilde
dienen. So seid denn, mein lieber Meister Martin,
vieltausendmal begrüßt als unser würdiger Vorsteher!" Mit diesen Worten stand Paumgartner
von seinem Sitze auf und trat einige Schritte
vor mit offenen Armen, erwartend, daß Meister
Martin ihm entgegenkommen werde. Dieser

stemmte denn auch alsbald beide Arme auf die Stuhllehnen und erhob sich langsam und schwerfällig, wie es sein wohlgenährter Körper nur zulassen wollte. Dann schritt er ebenso langsam hinein in Paumgartners herzliche Umarmung, die er kaum erwiderte. "Nun," sprach Paumgartner, darob etwas befremdet, "nun, Meister Martin, ist's Euch etwa nicht recht, daß wir Euch zu unserm Kerzenmeister erwählet?" — Meister Martin warf, wie es seine Gewohnheit war, den Kopf in den Nacken, fingerte mit beiden Händen auf dem dicken Bauche und schaute mit weit aufgerissenen Augen, die Unterlippe vorgekniffen, in der Versammlung umher. Dann fing er, zu Paumgartner gewendet, also an: "Ei, mein lieber würdiger Herr, wie sollt es mir denn nicht recht sein, daß ich empfange, was mir gebührt. Wer verschmäht es, den Lohn zu nehmen für wackere Arbeit, wer weiset den bösen Schuldner von der Schwelle, der endlich kömmt, das Geld zu zahlen, das er seit langer Zeit geborgt? Ei, ihr lieben Männer", (so wandte sich Martin zu den Meistern, die ringsumher sassen) "ei, ihr lieben Männer, ist's euch denn nun endlich eingefallen, daß *ich — ich* der Vorsteher unserer ehrbaren Zunft sein *muß*? — Was verlangt ihr vom Vorsteher? — Soll er der Geschickteste sein im Handwerk? Geht hin und schaut mein zweifudriges Faß, ohne Feuer getrieben, mein wackres Meisterstück an, und dann sagt, ob sich einer von euch rühmen darf, was Stärke und Zierlichkeit der Arbeit betrifft, Ähnliches geliefert zu haben. Wollt ihr, daß der Vorsteher Geld und Gut besitze? Kommt in mein Haus, da will ich meine Kisten und Kasten aufschließen, und ihr sollt euch erfreuen an dem Glanz des funkelnden Goldes und Silbers. Soll der Vorsteher geehrt sein von Großen und Niederen? — Fragt doch nur unsere ehrsamen Herren des Rats, fragt Fürsten und Herren rings

2

um unsere gute Stadt Nürnberg her, fragt den hochwürdigen Bischof von Bamberg, fragt, was die alle von dem Meister Martin halten. Nun! — ich denke, ihr sollt nichts Arges vernehmen!" — Dabei klopfte sich Herr Martin recht behaglich auf den dicken Bauch, schmunzelte mit halbge-schlossenen Augen und fuhr dann, da alles schwieg und nur hin und wieder ein bedenkliches Räuspern laut wurde, also fort: "Aber ich merk es, ich weiß es wohl, daß ich mich nun noch schönstens bedan-ken soll dafür, daß der Herr endlich bei der Wahl eure Köpfe erleuchtet hat. — Nun! — wenn ich den Lohn empfange für die Arbeit, wenn der Schuldner mir das geborgte Geld bezahlt, da schreib ich wohl unter die Rechnung, unter den Schein: 'Zu Dank bezahlt, Thomas Martin, Küpermeister allhier!' — So seid denn alle von Herzen bedankt dafür, daß ihr mir, indem ihr mich zu euerm Vorsteher und Kerzenherrn wähltet, eine alte Schuld abtruget. Übrigens verspreche ich euch, daß ich mein Amt mit aller Treue und Frömmigkeit verwalten werde. Der Zunft, jedem von euch, stehe ich, wenn es not tut, bei mit Rat und Tat, wie ich es nur vermag mit allen meinen Kräften. Mir soll es recht anliegen, unser berühmtes Gewerk in vollen Ehren und Würden, wie es jetzt besteht, zu erhalten. Ich lade Euch, mein würdiger Handwerksherr, euch alle, ihr lieben Freunde und Meister, zu einem frohen Mahle auf künftigen Sonntag ein. Da laßt uns frohen Muts bei einem tüchtigen Glase Hoch-heimer, Johannisberger, oder was ihr sonst an edlen Weinen aus meinem reichen Keller trinken möget, überlegen, was jetzt fordersamst zu tun ist für unser aller Bestes! — Seid nochmals alle herzlichst eingeladen."

Die Gesichter der ehrsamen Meister, die sich bei Martins stolzer Rede merklich verfinstert hatten, heiterten sich nun auf, und dem dumpfen

Schweigen folgte ein fröhliches Geplapper, worin
vieles von Herrn Martins hohen Verdiensten und
seinem auserlesenen Keller vorkam. Alle ver-
sprachen, am Sonntag zu erscheinen, und
reichten dem neuerwählten Kerzenmeister die
Hände, der sie treuherzig schüttelte und auch
wohl diesen, jenen Meister ein klein wenig an
seinen Bauch drückte, als woll' er ihn umarmen.
Man schied fröhlich und guter Dinge.

WAS SICH DARAUF WEITER IN MEISTER MARTINS HAUSE BEGAB

Es traf sich, daß der Ratsherr Jakobus Paumgartner, um zu seiner Behausung zu gelangen, bei
Meister Martins Hause vorübergehen mußte.
Als beide, Paumgartner und Martin, nun vor der
Türe dieses Hauses standen und Paumgartner
weiter fortschreiten wollte, zog Meister Martin
sein Mützlein vom Kopf, und sich ehrfurchtsvoll
so tief neigend, als er es nur vermochte, sprach er
zu dem Ratsherrn: "O wenn Ihr es doch nicht
verschmähen wolltet, in mein schlechtes Haus auf
ein Stündchen einzutreten, mein lieber würdiger
Herr! — Laßt es Euch gefallen, daß ich mich an
Euern weisen Reden ergötze und erbaue." "Ei,
lieber Meister Martin," erwiderte Paumgartner
lächelnd, "gern mag ich bei Euch verweilen, aber
warum nennt Ihr Euer Haus ein schlechtes? Ich
weiß es ja, daß an Schmuck und köstlicher
Gerätschaft es keiner der reichsten Bürger Euch
zuvortut! Habt Ihr nicht erst vor kurzer Zeit
den schönen Bau vollendet, der Euer Haus zur
Zierde unserer berühmten Reichsstadt macht, und
von der inneren Einrichtung mag ich gar nicht
reden, denn deren dürft' sich ja kein Patrizier
schämen."

Der alte Paumgartner hatte recht, denn sowie
man die hell gebohnte, mit reichem Messingwerk

4

verzierte Tür geöffnet hatte, war der geräumige
Flur mit sauber ausgelegtem Fußboden, mit
schönen Bildern an den Wänden, mit kunstvoll
gearbeiteten Schränken und Stühlen beinahe
anzusehen wie ein Prunksaal. Da folgte denn auch
jeder gern der Weisung, die alter Sitte gemäß ein
Täfelchen, das gleich neben der Türe hing, in den
Versen gab:

> "Wer tretten wil die Stiegen hinein,
> Dem sollen die Schue fein sauber seyn
> Oder vorhero streiffen ab,
> Daß man nit drüber zu klagen hab.
> Ein Verständiger weiß das vorhin,
> Wie er sich halten soll darinn."

Der Tag war heiß, die Luft in den Stuben jetzt,
da die Abenddämmerung einbrach, schwül und
dunstig, deshalb führte Meister Martin seinen
edlen Gast in die geräumige kühle Prangkuchen.
So hieß zu jener Zeit der Platz in den Häusern der
reichen Bürger, der zwar wie eine Küche ein-
gerichtet, aber nicht zum Gebrauch, sondern nur
zur Schau mit allerlei köstlichen Gerätschaften des
Hausbedarfs ausgeschmückt war. Kaum eingetre-
ten, rief Meister Martin mit lauter Stimme:
"Rosa — Rosa!" — alsbald öffnete sich denn auch
die Tür, und Rosa, Meister Martins einzige
Tochter, kam hineingegangen. —
Möchtest du, vielgeliebter Leser, in diesem
Augenblick doch recht lebhaft dich der Meisterwerke unseres großen Albrecht Dürers erinnern.
Möchten dir doch die herrlichen Jungfrauen-
gestalten voller Anmut, voll süßer Milde und
Frömmigkeit, wie sie dort zu finden, recht lebendig aufgehen. Denk an den edlen zarten Wuchs,
an die schön gewölbte, lilienweiße Stirn, an das
Inkarnat, das wie Rosenhauch die Wangen über-
fliegt, an die feinen kirschrot brennenden Lippen,
an das in frommer Sehnsucht hinschauende Auge,

5

von dunkler Wimper halb verhängt, wie Mondes-
strahl von düsterm Laube — denk an das seidene
Haar, in zierlichen Flechten kunstreich aufge-
nestelt — denk an alle Himmelsschönheit jener
Jungfrauen, und du schauest die holde Rosa. Wie
vermöchte auch sonst der Erzähler dir das liebe
Himmelskind zu schildern? — Doch sei es erlaubt,
hier noch eines wackern jungen Künstlers zu
gedenken, in dessen Brust ein leuchtender Strahl
aus jener schönen alten Zeit gedrungen. Es ist der
deutsche Maler Cornelius in Rom gemeint. —
"Bin weder Fräulein noch schön!" — So wie in
Cornelius' Zeichnungen zu Goethes gewaltigem
"Faust" Margarete anzuschauen ist, als sie diese
Worte spricht, so mochte auch wohl Rosa anzusehen sein, wenn sie in frommer züchtiger Scheu
übermütigen Bewerbungen auszuweichen sich
gedrungen fühlte.

Rosa verneigte sich in kindlicher Demut vor
Paumgartner, ergriff seine Hand und drückte sie
an ihre Lippen. Die blassen Wangen des alten
Herrn färbten sich hochrot, und wie der Abend-
schein, im Versinken noch einmal aufflackernd,
das schwarze Laub plötzlich vergoldet, so blitzte
das Feuer längst vergangener Jugend auf in seinen
Augen. "Ei," rief er mit heller Stimme, "ei, mein
lieber Meister Martin, Ihr seid ein wohlhabender,
ein reicher Mann, aber die schönste Himmelsgabe
die Euch der Herr beschert hat, ist doch Eure
holde Tochter Rosa. Geht uns alten Herren, wie
wir alle im Rat sitzen, das Herz auf, und können
wir nicht die blöden Augen wegwenden, wenn wir
das liebe Kind schauen, wer mag's denn den
jungen Leuten verargen, daß sie versteinert und
erstarrt stehen bleiben, wenn sie auf der Straße
Eurer Tochter begegnen, daß sie in der Kirche
Eure Tochter sehen, aber nicht den geistlichen
Herrn, daß sie auf der Allerwiese oder wo es sonst
ein Fest gibt, zum Verdruß aller Mägdlein nur

6

hinter Eurer Tochter her sind mit Seufzern,
Liebesblicken und honigsüßen Reden. — Nun,
Meister Martin, Ihr möget Euch Euren Eidam
wählen unter unsern jungen Patriziern, oder wo
Ihr sonst wollet."

Meister Martins Gesicht verzog sich in finstere
Falten, er gebot der Tochter, edlen alten Wein
herzubringen, und sprach, als sie, über und über
glühend im Gesicht, den Blick zu Boden gesenkt,
fortgegangen, zu dem alten Paumgartner: "Ei,
mein lieber Herr, es ist zwar in der Wahrheit, daß
mein Kind geschmückt ist mit ausnehmender
Schönheit und daß auch hierin mich der Himmel
reich gemacht hat, aber wie mögt Ihr denn davon
sprechen in des Mägdleins Gegenwart, und mit
dem Eidam Patrizier ist es nun ganz und gar
nichts." "Schweigt," erwiderte Paumgartner
lachend, "schweigt, Meister Martin, wovon das
Herz voll ist, davon geht der Mund über! —
glaubt Ihr denn nicht, daß mir auch das träge Blut
im alten Herzen zu hüpfen beginnt, wenn ich
Rosa sehe, und wenn ich dann treuherzig her-
aussage, was sie ja selbst recht gut wissen muß,
daraus wird kein Arges entstehen."

Rosa brachte den Wein und zwei stattliche
Trinkgläser herbei. Martin rückte dagegen den
schweren, mit wunderlichem Schnitzwerk verzier-
ten Tisch in die Mitte. Kaum hatten die alten
Herren indessen Platz genommen, kaum hatte
Meister Martin die Gläser vollgeschenkt, als sich
ein Pferdegetrappel vor dem Hause vernehmen
ließ. Es war, als hielte ein Reiter an, dessen
Stimme im Flur laut wurde; Rosa eilte hinab und
kam bald mit der Nachricht zurück, der alte
Junker Heinrich von Spangenberg sei da und
wünsche bei dem Meister Martin einzusprechen.
"Nun," rief Martin, "so ist das heute ein schöner,
glücklicher Abend, da mein wackerer ältester
Kundmann bei mir einkehrt. Gewiß neue Bestel-

lungen, gewiß soll ich neu auflagern." — Und
damit eilte er, so schnell als es gehen wollte, dem
willkommenen Gast entgegen.

WIE MEISTER MARTIN SEIN HANDWERK
ÜBER ALLE ANDERE ERHOB

Der Hochheimer perlte in den schmucken geschlif-
fenen Trinkgläsern und erschloß den drei Alten
Zunge und Herz. Zumal wußte der alte Spangenberg, bei hohen Jahren noch von frischem
Lebensmut durchdrungen, manchen lustigen
Schwank aus froher Jugendzeit aufzutischen, so
daß Meister Martins Bauch weidlich wackelte und
er vor ausgelassenem Lachen sich ein Mal über das
andere die Tränen aus den Augen wischen mußte.
Auch Herr Paumgartner vergaß mehr als sonst den
ratsherrlichen Ernst und tat sich gütlich mit dem
edlen Getränk und dem lustigen Gespräch. Als
nun aber Rosa wieder eintrat, den sauberen Hand-
korb unter dem Arm, aus dem sie Tischzeug
langte, blendendweiß, wie frischgefallener Schnee;
als sie, mit häuslicher Geschäftigkeit hin und her
trippelnd, den Tisch deckte und ihn mit allerlei
würzreichen Speisen besetzte, als sie mit holdem
Lächeln die Herren einlud, nun auch nicht zu
verschmähen, was in der Eil bereitet worden, da
schwieg Gespräch und Gelächter. Beide, Paumgartner und Spangenberg, wandten die leuchtenden Blicke nicht ab von der lieblichen Jungfrau,
und selbst Meister Martin schaute, zurückgelehnt
in den Sessel, die Hände zusammengefaltet,
ihrem wirtlichen Treiben zu mit behaglichem
Lächeln. Rosa wollte sich entfernen, da sprang
aber der alte Spangenberg rasch auf wie ein
Jüngling, faßte das Mädchen bei beiden Schultern
und rief, indem die hellen Tränen ihm aus den
Augen rannen, ein Mal über das andere: "O du
frommes holdes Engelskind — du herziges liebes

8

Mägdlein", — dann küßte er sie zwei-, dreimal
auf die Stirne und kehrte wie in tiefem Sinnen auf
seinen Platz zurück. Paumgartner brachte Rosas
Gesundheit aus. — "Ja," fing Spangenberg an,
als Rosa hinausgegangen, "ja, Meister Martin, der
Himmel hat Euch in Eurer Tochter ein Kleinod
beschert, das Ihr gar nicht hoch genug schätzen
könnt. Sie bringt Euch noch zu hohen Ehren,
wer, sei es aus welchem Stande es wolle, möchte
nicht Euer Eidam werden?" "Seht Ihr wohl,"
fiel Paumgartner ein, "seht Ihr wohl, Meister
Martin, daß der edle Herr von Spangenberg ganz
so denkt wie ich? — Ich sehe schon meine liebe
Rosa als Patrizierbraut mit dem reichen Perlen-
schmuck in den schönen blonden Haaren."
"Liebe Herren," fing Meister Martin ganz verdrießlich an, "liebe Herren, wie möget Ihr denn
nur immer von einer Sache reden, an die ich
zurzeit noch gar nicht denke. Meine Rosa hat nun
das achtzehnte Jahr erreicht, und solch ein
blutjunges Ding darf noch nicht ausschauen nach
dem Bräutigam. Wie es sich künftig fügen mag,
überlasse ich ganz dem Willen des Herrn, aber so
viel ist gewiß, daß weder ein Patrizier noch ein
anderer meiner Tochter Hand berühren wird, als
der Küper, der sich mir als den tüchtigsten,
geschicktesten Meister bewährt hat. Vorausge-
setzt, daß ihn meine Tochter mag, denn zwingen
werde ich mein liebes Kind zu nichts in der Welt, am
wenigsten zu einer Heirat, die ihr nicht ansteht."
Spangenberg und Paumgartner schauten sich an,
voll Erstaunen über diesen seltsamen Ausspruch
des Meisters. Endlich nach einigem Räuspern
fing Spangenberg an: "Also aus Euerm Stande
heraus soll Eure Tochter nicht freien?" "Gott
soll sie dafür bewahren," erwiderte Martin.
"Aber", fuhr Spangenberg fort, "wenn nun ein
junger, tüchtiger Meister aus einem edlen Handwerk, vielleicht ein Goldschmied oder gar ein

9

junger wackerer Künstler um Eure Rosa freite und ihr ganz ausnehmend gefiele vor allen andern jungen Gesellen, wie dann?" "Zeigt mir," erwiderte Martin, indem er den Kopf in den Nacken warf, "zeigt mir, lieber junger Gesell, würde ich sprechen, das schöne zweifudrige Faß, welches Ihr als Meisterstück gebaut habt, und wenn er das nicht könnte, würde ich freundlich die Tür öffnen und ihn höflichst bitten, doch sich anderswo zu versuchen." "Wenn aber," sprach Spangenberg weiter, "wenn aber der junge Gesell spräche: 'Solch einen kleinen Bau kann ich Euch nicht zeigen, aber kommt mit mir auf den Markt, schaut jenes stattliche Haus, das die schlanken Gipfel kühn emporstreckt in die hohen Lüfte — das ist *mein* Meisterbau.'" — "Ach, lieber Herr," unterbrach Meister Martin ungeduldig Spangenbergs Rede, "ach, lieber Herr, was gebt Ihr Euch denn für Mühe, mich eines andern zu überzeugen. Aus *meinem* Handwerk soll nun einmal mein Eidam sein, denn mein Handwerk halt ich für das herrlichste, was es auf der Welt geben kann. Glaubt Ihr denn, daß es genug ist, die Bände aufzutreiben auf die Dauben, damit das Faß zusammenhalte? Ei, ist es nicht schon herrlich und schön, daß unser Handwerk den Verstand voraussetzt, wie man die schöne Himmelsgabe, den edlen Wein, hegen und pflegen muß, damit er gedeihe und mit aller Kraft und Süßigkeit, wie ein wahrer, glühender Lebensgeist, uns durchdringe? Aber dann der Bau der Fässer selbst. Müssen wir, soll der Bau gelingen, nicht erst alles fein abzirkeln und abmessen? Wir müssen Rechenmeister und Meßkünstler sein, denn wie möchten wir sonst Proportion und Gehalt der Gefäße einsehen. Ei, Herr, mir lacht das Herz im Leibe, wenn ich solch ein tüchtig Faß auf den Endstuhl bringe, nachdem die Stäbe mit dem Klöbeisen und dem Lenkbeil tüchtig bereitet,

wenn dann die Gesellen die Schlägel schwingen
und klipp, klapp, — klipp, klapp es niederfällt auf
die Treiber, hei! das ist lustige Musik. Da steht
nun das wohlgeratene Gebäude, und wohl mag ich
ein wenig stolz umschauen, wenn ich den Reißer
zur Hand nehme und mein Handwerkszeichen,
gekannt und geehrt von allen wackern Wein-
meistern, in des Fasses Boden einreiße. — Ihr
spracht von Baumeistern, lieber Herr, ei nun,
solch ein stattliches Haus ist wohl ein herrliches
Werk, aber wär ich ein Baumeister, ginge ich vor
meinem Werke vorüber und oben vom Erker
schaute irgendein unsauberer Geist, ein nichts-
nütziger, schuftiger Geselle, der das Haus erworben, auf mich herab, ich würde mich schämen ins
Innerste hinein, mir würde vor lauter Ärger und
Verdruss die Lust ankommen, mein eigenes Werk
zu zerstören. Doch so etwas kann mir nicht
geschehen mit meinen Gebäuden. Da drinnen
wohnt ein für allemal nur der sauberste Geist auf
Erden, der edle Wein. — Gott lobe mir mein
Handwerk.” “Eure Lobrede”, sprach Spangenberg, “war recht tüchtig und wacker gemeint.
Es macht Euch Ehre, wenn Ihr Euer Handwerk
recht hochhaltet, aber werdet nur nicht ungeduldig, wenn ich Euch noch nicht loslassen kann.
Wenn nun doch wirklich ein Patrizier käme und
um Eure Tochter anhielte? — Wenn das Leben
einem so recht auf den Hals tritt, da gestaltet sich
denn wohl manches ganz anders, als wie man es
geglaubt.” — “Ach,” rief Meister Martin ziemlich heftig, “ach, wie könnt ich denn anders tun,
als mich höflich neigen und sprechen: ‘Lieber
Herr, wäret Ihr ein tüchtiger Küper, aber so —’”
“Hört weiter,” fiel ihm Spangenberg in die Rede,
“wenn aber nun gar an einem schönen Tage ein
schmucker Junker auf stolzem Pferde, mit glän-
zendem Gefolge, in prächtigen Kleidern angetan,
vor Euerm Hause hielte und begehrte Eure Rosa

zur Hausfrau?" "Hei, hei," rief Meister Martin noch heftiger als vorher, "hei, hei, wie würd ich hastig, wie ich nur könnte, rennen und die Haustür versperren mit Schlössern und Riegeln — wie würd ich rufen und schreien: 'Reitet weiter! Reitet weiter, gestrenger Herr Junker, soche Rosen wie die meinige blühen nicht für Euch, ei, mein Weinkeller, meine Goldbatzen mögen Euch anstehen, das Mägdlein nehmt Ihr in den Kauf — aber reitet weiter! Reitet weiter!'" — Der alte Spangenberg erhob sich, blutrot im ganzen Gesicht, er stemmte beide Hände auf den Tisch und schaute vor sich nieder. "Nun," fing er nach einer Weile an, "nun noch die letzte Frage, Meister Martin. Wenn der Junker vor Eurem Hause mein eigener Sohn wäre, wenn ich selbst mit ihm vor Eurem Hause hielte, würdet Ihr da auch die Tür verschließen, würdet Ihr da auch glauben, wir wären nur gekommen Eures Weinkellers, Eurer Goldbatzen wegen?" "Mit nichten," erwiderte Meister Martin, "mit nichten, mein lieber gnädiger Herr, ich würde Euch freundlich die Tür öffnen, alles in meinem Hause sollte zu Euerm und Eures Herrn Sohnes Befehl sein, aber was meine Rosa betrifft, da würde ich sprechen: 'Möcht es doch der Himmel gefügt haben, daß Euer wackrer Herr Junker ein tüchtiger Küper hätte werden können, keiner auf Erden sollte mir dann solch ein willkommner Eidam sein als er, aber jetzt —!' Doch, lieber würdiger Herr, warum neckt und quält Ihr mich denn mit solchen wunderlichen Fragen? — Seht nur, wie unser lustiges Gespräch ganz und gar ein Ende genommen, wie die Gläser gefüllt stehen bleiben. Lassen wir doch den Eidam und Rosas Hochzeit ganz beiseite, ich bringe Euch die Gesundheit Euers Junkers zu, der, wie ich höre, ein schmucker Herr sein soll." Meister Martin ergriff sein Trinkglas, Paumgartner folgte seinem Beispiel, indem er rief: "Alles verfängliche

Gespräch soll ein Ende haben und Euer wackrer Junker hochleben!" — Spangenberg stieß an und sprach dann mit erzwungenem Lächeln: "Ihr könnet denken, daß ich im Scherze zu Euch sprach, denn nur frecher Liebeswahnsinn könnte wohl meinen Sohn, der unter den edelsten Geschlechtern seine Hausfrau erkiesen darf, dazu treiben, Rang und Geburt nicht achtend, um Eure Tochter zu freien. Aber etwas freundlicher hättet Ihr mir doch antworten können." "Ach, lieber Herr," erwiderte Meister Martin, "auch im Scherz konnt ich nicht anders reden, als wie ich es tun würde, wenn solch wunderliches Zeug, wie Ihr es fabeltet, wirklich geschähe. Laßt mir übrigens meinen Stolz, denn Ihr selbst müßt mir doch bezeugen, daß ich der tüchtigste Küper bin auf weit und breit, daß ich mich auf den Wein verstehe, daß ich an unseres in Gott ruhenden Kaisers Maximilian tüchtige Weinordnung fest und getreulich halte, daß ich alle Gottlosigkeit als ein frommer Mann verschmähe, daß ich in mein zweifudriges Faß niemals mehr verdampfe als ein Lötlein lautern Schwefels, welches not tut zur Erhaltung, das alles, Ihr lieben würdigen Herren, werdet Ihr wohl genüglich kosten an meinem Wein." — Spangenberg versuchte, indem er wieder seinen Platz einnahm, ein heiteres Gesicht anzunehmen, und Paumgartner brachte andere Dinge aufs Tapet. Aber wie es geschieht, daß die einmal verstimmten Saiten eines Instruments sich immer wieder verziehn und der Meister sich vergebens müht, die wohltönenden Akkorde, wie sie erst erklangen, aufs neue hervorzurufen, so wollte auch unter den drei Alten nun keine Rede, kein Wort mehr zusammenpassen. Spangenberg rief nach seinen Knechten und verließ ganz mißmutig Meister Martins Haus, in das er fröhlich und guter Dinge getreten.

Meister Martin war über das unmutige Scheiden
seines alten wackern Kundmanns ein wenig
betreten und sprach zu Paumgartner, der eben das
letzte Glas ausgetrunken hatte und nun auch
scheiden wollte: "Ich weiß doch nun aber gar
nicht, was der alte Herr wollte mit seinen Reden
und wie er darüber am Ende noch verdrießlich
werden konnte." "Lieber Meister Martin,"
begann Paumgartner, "Ihr seid ein tüchtiger,
frommer Mann, und wohl mag der was halten
darauf, was er mit Gottes Hilfe wacker treibt und
was ihm Reichtum und Ehre gebracht hat. Nur
darf dies nicht ausarten in prahlerischen Stolz, das
streitet gegen allen christlichen Sinn. Schon in der
Gewerksversammlung heute war es nicht recht
von Euch, daß Ihr Euch selbst über alle übrige
Meister setztet, möget Ihr doch wirklich mehr
verstehen von Eurer Kunst als die anderen, aber
daß Ihr das geradezu ihnen an den Hals werfet,
das kann ja nur Ärger und Mißmut erregen. Und
nun vollends heute abend! — So verblendet konn-
tet Ihr doch wohl nicht sein, in Spangenbergs
Reden etwas anderes zu suchen als die scherzhafte
Prüfung, wie weit Ihr es wohl treiben würdet mit
Euerm starrsinnigen Stolz. Schwer mußte es ja
den würdigen Herrn verletzen, als Ihr in der
Bewerbung jedes Junkers um Eure Tocher nur
niedrige Habsucht finden wolltet. Und noch
wäre alles gut gegangen, wenn Ihr eingelenkt
hättet, als Spangenberg von seinem Sohne zu
reden begann. Wie, wenn Ihr spracht: 'Ja, mein
lieber würdiger Herr, wenn Ihr selbst kämt als
Brautwerber mit Euerm Sohne, ja auf solche hohe
Ehre wär ich nimmer gefaßt, da würd ich wanken
in meinen festesten Entschlüssen.' Ja, wenn Ihr
so spracht, was wäre dann davon anderes die Folge
gewesen, als daß der alte Spangenberg, die vorige

Unbill ganz vergessend, heiter gelächelt und guter
Dinge geworden wie vorher." "Scheltet mich
nur," sprach Meister Martin, "scheltet mich nur
wacker aus, ich habe es wohl verdient, aber als der
Alte solch abgeschmacktes Zeug redete, es schnürte mir die Kehle zu, ich konnte nicht anders
antworten." — "Und dann," fuhr Paumgartner
fort, "und dann der tolle Vorsatz selbst, Eure
Tochter durchaus nur einem Küper geben zu
wollen. Dem Himmel, spracht Ihr, soll Eurer
Tochter Schicksal anheimgestellt sein, und doch
greift Ihr mit irdischer Blödsinnigkeit dem
Ratschluß der ewigen Macht vor, indem Ihr
eigensinnig vorher festsetzt, aus welchem kleinen
Kreise Ihr den Eidam nehmen wollt. Das kann
Euch und Eure Rosa ins Verderben stürzen.
Laßt ab, Meister Martin, laßt ab von solcher
unchristlicher kindischer Torheit, laßt die ewige
Macht gebieten, die in Eurer Tochter frommes
Herz schon den richtigen Ausspruch legen wird."
"Ach, mein würdiger Herr," sprach Meister
Martin ganz kleinmütig, "nun erst sehe ich ein,
wie übel ich daran tat, nicht gleich alles heraus-
zusagen. Ihr meint, nur die Hochschätzung
meines Handwerks habe mich zu dem unabänder-
lichen Entschulß gebracht, Rosa nur an einen
Küpermeister zu verheiraten, es ist dem aber
nicht so, noch ein anderer, gar wunderbarer
geheimnisvoller Grund dazu ist vorhanden. —
Ich kann Euch nicht fortlassen, ohne daß Ihr alles
erfahren habt, Ihr sollt nicht über Nacht auf mich
grollen. Setzt Euch, ich bitte gar herzlich darum,
verweilt noch einige Augenblicke. Seht, hier steht
noch eine Flasche des ältesten Weins, den der
mißmutige Junker verschmäht hat, laßt es Euch
noch bei mir gefallen." Paumgartner erstaunte
über Meister Martins zutrauliches Eindringen,
das sonst gar nicht in seiner Natur lag, es war, als
laste dem Mann etwas gar schwer auf dem Herzen,

das er los sein wollte. Als nun Paumgartner sich gesetzt und ein Glas Wein getrunken hatte, fing Meister Martin auf folgende Weise an: "Ihr wißt, mein lieber würdiger Herr, daß meine brave Hausfrau, bald nachdem Rosa geboren, an den Folgen des schweren Kindbettes starb. Damals lebte meine uralte Großmutter noch, wenn stocktaub und blind, kaum der Sprache fähig, gelähmt an allen Gliedern, im Bette liegen Tag und Nacht anders leben genannt zu werden verdient. Meine Rosa war getauft worden, und die Amme saß mit dem Kinde in der Stube, wo die Großmutter lag. Mir war es so traurig und, wenn ich das schöne Kind anblickte, so wunderbar freudig und wehmütig zu Sinn, ich war so tief bewegt, daß ich zu jeder Arbeit mich untauglich fühlte und still, in mich gekehrt, neben dem Bett der alten Großmutter stand, die ich glücklich pries, da ihr schon jetzt aller irdische Schmerz entnommen. Und als ich ihr nun so ins bleiche Antlitz schaue, da fängt sie mit einemmal an seltsam zu lächeln, es ist, als glätteten sich die verschrumpften Züge aus, als färbten sich die blassen Wangen. — Sie richtet sich empor, sie streckt, wie plötzlich beseelt von wunderbarer Kraft, die gelähmten Arme aus, wie sie es sonst nicht vermochte, sie ruft vernehmlich mit leiser lieblicher Stimme: 'Rosa — meine liebe Rosa!' — Die Amme steht auf und bringt ihr das Kind, das sie in den Armen auf und nieder wiegt. Aber nun, mein würdiger Herr, nun denkt Euch mein Erstaunen, ja meinen Schreck, als die Alte mit heller, kräftiger Stimme ein'Lied in der hohen, fröhlichen Lobeweis Herrn Hans Berchlers, Gastgebers zum Geist in Straßburg, zu singen beginnt, das also lautet:

'Mägdlein zart mit roten Wangen,
Rosa, hör das Gebot,
Magst dich wahren vor Not und Bangen.

Halt im Herzen nur Gott,
Treib keinen Spott,
Heg kein töricht Verlangen.
Ein glänzend Häuslein wird er bringen,
Würzige Fluten treiben drin,
Blanke Englein gar lustig singen,
Mit frommem Sinn
Horch treuster Minn',
Ha! lieblichem Liebesklingen.
Das Häuslein mit güldnem Prangen,
Der hat's ins Haus getragen,
Den wirst du süß umfangen,
Darfst nicht den Vater fragen,
Ist dein Bräutgam minniglich.
Ins Haus das Häuslein bringt allwegen
Reichtum, Glück, Heil und Hort,
Jungfräulein! — Augen klar!
Öhrlein auf vor treuem Wort,
Magst wohl hinfort
Blühen in Gottes Segen!'

Und als sie dies Lied ausgesungen hat, legt sie
das Kind leise und behutsam auf das Deckbett
nieder, und die welke, zitternde Hand auf seine
Stirn gelegt, lispelt sie unverständliche Worte,
aber das ganz verklärte Antlitz der Alten zeigt
wohl, daß sie Gebete spricht. Nun sinkt sie
nieder mit dem Kopfe auf die Bettkissen, und in
dem Augenblick, als die Amme das Kind fort-
trägt, seufzt sie tief auf. Sie ist gestorben!" —
"Das ist," sprach Paumgartner, als Meister
Martin schwieg, "das ist eine wunderbare
Geschichte, aber doch sehe ich gar nicht ein, wie
das weissagende Lied der alten Großmutter mit
Euerm starrsinnigen Vorsatz, Rosa nur einem
Küpermeister geben zu wollen, zusammenhängen
kann." "Ach," erwiderte Meister Martin, "was
kann denn klarer sein, als daß die Alte, in dem
letzten Augenblick ihres Lebens von dem Herrn

ganz besonders erleuchtet, mit weissagender Stimme verkündete, wie es mit Rosa, sollte sie glücklich sein, sich fügen müsse. Der Bräutigam, der mit dem blanken Häuslein Reichtum, Glück, Heil und Hort ins Haus bringt: wer kann das anders sein, als der tüchtige Küper, der bei mir sein Meisterstück, sein blankes Häuslein gefertigt hat? In welchem andern Häuslein treiben würzige Fluten als in dem Weinfaß? Und wenn der Wein arbeitet, dann rauscht und summt es wohl auch und plätschert, das sind die lieben Englein, die in den Fluten auf und ab fahren und lustige Liedlein singen. Ja, ja! — keinen andern Bräutigam hat die alte Großmutter gemeint als den Küpermeister, und dabei soll es denn auch bleiben." "Ihr erklärt," sprach Paumgartner, "Ihr erklärt, lieber Meister Martin, die Worte der alten Großmutter nun einmal nach Eurer Weise. *Mir* will Eure Deutung gar nicht recht zu Sinn, und ich bleibe dabei, daß Ihr alles der Fügung des Himmels und dem Herzen Eurer Tochter, in dem gewiss der richtige Ausspruch verborgen liegt, lediglich überlassen sollt." "Und ich," fiel Martin ungeduldig ein, "ich bleibe dabei, daß mein Eidam nun ein für allemal kein anderer sein soll, als ein tüchtiger Küper!" Paumgartner wäre beinahe zornig geworden über Martins Eigensinn, doch hielt er an sich und stand auf vom Sitze, indem er sprach: "Es ist spät geworden, Meister Martin, laßt uns jetzt aufhören mit Trinken und Reden, beides scheint uns nicht mehr dienlich zu sein." — Als sie nun hinaustraten auf den Flur, stand ein junges Weib da mit fünf Knaben, von denen der älteste kaum acht, der jüngste kaum ein halbes Jahr alt sein mochte. Das Weib jammerte und schluchzte. Rosa eilte den Eintretenden entgegen und sprach: "Ach Gott im Himmel, Valentin ist nun doch gestorben, dort steht sein Weib mit den Kindern." "Was? — Valentin gestorben?" rief

Meister Martin ganz bestürzt — "ei, über das
Unglück — über das Unglück! — Denkt Euch,"
wandte er sich dann zu Paumgartner, "denkt Euch,
mein würdiger Herr! Valentin war der geschickteste Geselle, den ich in der Arbeit hatte, und
dabei fleißig und fromm. Vor einiger Zeit ver-
wundete er sich bei dem Bau eines großen Fasses
gefährlich mit dem Lenkbeil, die Wunde wurde
schlimmer und schlimmer, er verfiel in ein heftiges
Fieber und hat nun gar sterben müssen in seinen
blühendsten Jahren." Darauf schritt Meister
Martin zu auf das trostlose Weib, die, in Tränen
gebadet, klagte, daß sie nun wohl verderben
werde in Not und Elend. "Was," sprach Martin,
"was denkt Ihr denn von mir? In meiner Arbeit
brachte sich Euer Mann die gefährliche Wunde
bei, und ich sollte Euch verlassen in Eurer Not? —
Nein, Ihr alle gehört fortan zu meinem Hause.
Morgen, oder wenn Ihr wollt, begraben wir Euern
armen Mann, und dann zieht Ihr mit Euern
Knaben auf meinen Meierhof vor dem Frauentor,
wo ich meine schöne offene Werkstatt habe und
täglich mit meinen Gesellen arbeite. Da könnt
Ihr dann meiner Hauswirtschaft vorstehen, und
Eure tüchtigen Knaben will ich erziehen, als
wären es meine eigenen Söhne. Und daß Ihr's nur
wißt, Euern alten Vater nehme ich auch in mein
Haus. Das war sonst ein tüchtiger Küpergeselle,
als er noch Kraft in den Armen hatte. Nun! —
wenn er auch nicht mehr Schlegel, Kimmkeule
oder Bandhake regieren oder auf der Fügbank
arbeiten kann, so ist er doch wohl noch des Degsels
mächtig oder schabt mir mit dem Krummesser
die Bände aus. Genug, er soll mit Euch zusammen in meinem Hause aufgenommen sein."
Hätte Meister Martin das Weib nicht erfaßt, sie
wäre ihm vor Schmerz und tiefer Rührung beinahe
entseelt zu Füßen gesunken. Die ältesten Jungen
hingen sich an sein Wams, und die beiden jüng-

sten, die Rosa auf den Arm genommen, streckten die Händchen nach ihm aus, als hätten sie alles verstanden. Der alte Paumgartner sprach lächend, indem ihm die hellen Tränen in den Augen standen: "Meister Martin, man kann Euch nicht gram werden", und begab sich dann nach seiner Behausung.

Wie die beiden jungen Gesellen, Friedrich und Reinhold, miteinander bekannt wurden

Auf einer schönen grasichten, von hohen Bäumen beschatteten Anhöhe lag ein junger Gesell von stattlichem Ansehen, Friedrich geheißen. Die Sonne war schon herabgesunken, und rosige Flammen leuchteten auf aus dem tiefen Himmelsgrunde. Ganz deutlich konnte man in der Ferne die berühmte Reichsstadt Nürnberg sehen, die sich im Tale ausbreitete und ihre stolzen Türme kühn in das Abendrot hinaufstreckte, das sein Gold ausströmte auf ihre Spitzen. Der junge Gesell hatte den Arm gestützt auf das Reisebündel, das neben ihm lag, und schaute mit sehnsuchtsvollen Blicken herab in das Tal. Dann pflückte er einige Blumen, die um ihn her in dem Grase standen, und warf sie in die Lüfte dem Abendrot zu, dann sah er wieder traurig vor sich hin, und heiße Tränen perlten in seinen Augen. Endlich erhob er den Kopf, breitete beide Arme aus, als wollte er eine geliebte Gestalt umfangen, und sang mit heller, gar lieblicher Stimme folgendes Lied:

"Schau ich dich wieder,
  O Heimat süß,
  Nicht von dir ließ
  Mein Herz, getreu und bieder.
  O rosiges Rot, geh mir auf,
  Mag nur schauen Rosen,

Blühnde Liebesblüt,
Neig dem Gemüt
Dich zu mit wonnigem Kosen,
Willst du springen, o schwellende Brust?
Halt dich fest in Schmerz und süßer Lust.
O goldnes Abendrot!
Schöner Strahl, sei mein frommer Bot',
Seufzer — Tränen mußt
Treulich zu ihr tragen.
Und stürb ich nun,
Möchten Röslein dich fragen,
Sprich: — 'In Lieb verging sein Herz.'"

Nachdem Friedrich dies Lied gesungen, zog
er aus seinem Reisebündel ein Stücklein Wachs
hervor, erwärmte es an seiner Brust und begann
eine schöne Rose mit hundert feinen Blättern
sauber und kunstvoll auszukneten. Wahrend der
Arbeit summte er einzelne Strophen aus dem
Liede vor sich hin, das er gesungen, und so ganz
in sich selbst vertieft, bemerkte er nicht den
hübschen Jüngling, der schon lange hinter ihm
stand und emsig seiner Arbeit zuschaute. "Ei,
mein Freund," fing nun der Jüngling an, "ei,
mein Freund, das ist ein sauberes Stück, was Ihr
da formt." Friedrich schaute ganz erschrocken
um sich, als er aber dem fremden Jüngling in die
dunklen freundlichen Augen sah, war es ihm, als
kenne er ihn schon lange; lächelnd erwiderte er:
"Ach, lieber Herr, wie möget Ihr nur eine
Spielerei beachten, die mir zum Zeitvertreibe
dient auf der Reise." "Nun," fuhr der fremde
Jüngling fort, "nun, wenn Ihr die so getreulich
nach der Natur zartgeformte Blume Spielerei
nennt, so müßt Ihr ein gar wackrer, geübter
Bildner sein. Ihr ergötzt mich auf doppelte Art.
Erst drang mir Euer Lied, das Ihr nach der zarten
Buchstabenweis Martin Häschers so lieblich
absanget, recht durch die Brust, und jetzt muß ich

Eure Kunstfertigkeit im Formen hoch bewundern. Wo gedenkt Ihr denn noch heute hinzuwandern?" "Das Ziel," erwiderte Friedrich, "das Ziel meiner Reise liegt dort uns vor Augen. Ich will hin nach meiner Heimat, nach der berühmten Reichsstadt Nürnberg. Doch die Sonne ist schon tief hinabgesunken, deshalb will ich unten im Dorfe übernachten, morgen in aller Frühe geht's dann fort, und zu Mittag kann ich in Nürnberg sein." "Ei," rief der Jüngling freudig, "ei, wie sich das so schön trifft, wir haben denselben Weg, auch ich will nach Nürnberg. Mit Euch übernachte ich auch hier im Dorfe, und dann ziehen wir morgen weiter. Nun laßt uns noch eins plaudern." Der Jüngling, Reinhold geheißen, warf sich neben Friedrich ins Gras und fuhr dann fort: "Nicht wahr, ich irre mich nicht, Ihr seid ein tüchtiger Gießkünstler, das merk ich an der Art zu modellieren, oder Ihr arbeitet in Gold und Silber?" Friedrich sah ganz traurig vor sich nieder und fing dann kleinmütig an: "Ach, lieber Herr, Ihr haltet mich für etwas viel Besseres und Höheres, als ich wirklich bin. Ich will es Euch nur geradehin sagen, daß ich die Küperprofession erlernt habe und nach Nürnberg zu einem bekannten Meister in die Arbeit gehen will. Ihr werdet mich nun wohl verachten, da ich nicht herrliche Bilder zu modellieren und zu gießen vermag, sondern nur Reife um Fässer und Kufen schlage." Reinhold lachte laut auf und rief: "Nun, das ist in der Tat lustig. Ich soll Euch verachten, weil Ihr ein Küper seid, und ich — ich bin ja selbst gar nichts anderes, als das." Friedrich blickte ihn starr an, er wußte nicht, was er glauben sollte, denn Reinholds Aufzug paßte freilich zu nichts weniger als zu einem reisenden Küpergesellen. Das Wams von feinem schwarzem Tuch, mit gerissenem Samt besetzt, die zierliche Halskrause, das kurze breite Schwert, das Barett mit einer

langen herabhängenden Feder ließen eher auf
einen wohlbegüterten Handelsmann schließen,
und doch lag wieder in dem Antlitz, in der ganzen
Gestalt des Jünglings ein wunderbares Etwas, das
dem Gedanken an den Handelsmann nicht Raum
gab. Reinhold merkte Friedrichs Zweifel, er riß
sein Reisebündel auf, holte das Küperschurzfell,
sein Messerbesteck hervor und rief: "Schau doch
her, mein Freund, schau doch nur her! —
Zweifelst du noch daran, daß ich dein Kamerad
bin? — Ich weiß, dir ist mein Anzug befremdlich,
aber ich komme von Straßburg, da gehen die
Küper stattlich einher wie Edelleute. Freilich
hatte ich sonst, gleich dir, auch wohl Lust zu
etwas anderem, aber nun geht mir das Küperhandwerk über alles, und ich habe manch schöne
Lebenshoffnung darauf gestellt. Geht's dir nicht
auch so, Kamerad? — Aber beinahe scheint es mir,
als habe sich unversehens ein düsterer Wolken-
schatten in dein heiteres Jugendleben hineinge-
hängt, vor dem du nicht fröhlich um dich zu
blicken vermagst. Das Lied, das du vorhin sangst,
war voll Liebessehnsucht und Schmerz, aber es
kamen Klänge darin vor, die wie aus meiner
eignen Brust hervorleuchteten, und es ist mir, als
wisse ich schon alles, was in dir verschlossen. Um
so mehr magst du mir alles vertrauen, werden wir
denn nicht ohnedies in Nürnberg wackere Kum-
pane sein und bleiben?" Reinhold schlang einen
Arm um den Friedrich und sah ihm freundlich
ins Auge. Darauf sprach Friedrich: "Je mehr ich
dich anschaue, frommer Geselle, desto stärker
zieht es mich zu dir hin, ich vernehme deutlich die
wunderbare Stimme in meinem Innern, die wie
ein treues Echo widerklingt vom Ruf des befreundeten Geistes. Ich muß dir alles sagen! — Nicht
als ob ich armer Mensch dir wichtige Geheimnisse
zu vertrauen hätte, aber weil nur die Brust des
treuesten Freundes Raum gibt dem fremden

Schmerz und ich in den ersten Augenblicken unserer jungen Bekanntschaft dich eben für meinen treuesten Freund halte. — Ich bin nun ein Küper worden und darf mich rühmen, mein Handwerk zu verstehen, aber einer andern, wohl schönern Kunst war mein ganzer Sinn zugewandt von Kindheit auf. Ich wollte ein großer Meister im Bildergießen und in der Silberarbeit werden, wie Peter Vischer oder der italische Benvenuto Cellini. Mit glühendem Eifer arbeitete ich beim Herrn Johannes Holzschuer, dem berühmten Silberarbeiter in meiner Heimat, der, ohne gerade selbst Bilder zu gießen, mir doch alle Anleitung dazu zu geben wußte. In Herrn Holzschuers Haus kam nicht selten Herr Tobias Martin, der Küpermeister, mit seiner Tochter, der holdseligen Rosa. Ohne daß ich es selbst ahnte, kam ich in Liebe. Ich verließ die Heimat und ging nach Augsburg, um die Bildergießerei recht zu erlernen, aber nun schlugen erst recht die hellen Liebesflammen in meinem Innern auf. Ich sah und hörte nur Rosa; alles Streben, alles Mühen, das mich nicht zu ihrem Besitz führte, ekelte mich an. Den einzigen Weg dazu schlug ich ein. Meister Martin gibt seine Tochter nur dem Küper, der in seinem Hause das tüchtigste Meisterstück macht und übrigens der Tochter wohl ansteht. Ich warf meine Kunst beiseite und erlernte das Küperhandwerk. Ich will hin nach Nürnberg und bei Meister Martin in Arbeit gehen. Aber nun die Heimat vor mir liegt und Rosas Bild recht in lebendigem Glühen mir vor Augen steht, nun möchte ich vergehen in Zagen, Angst und Not. Nun sehe ich klar das Törichte meines Beginnens. Weiß ich's denn, ob Rosa mich liebt, ob sie mich jemals lieben wird?" — Reinhold hatte Friedrichs Geschichte mit steigender Aufmerksamkeit angehört. Jetzt stützte er den Kopf auf den Arm, und indem er die flache Hand vor die Augen hielt, fragte er dumpf und düster: "Hat Rosa Euch denn niemals Zeichen der Liebe gegeben?" "Ach," erwiderte Friedrich, "ach, Rosa war, als ich Nürnberg verließ, mehr Kind als Jungfrau. Sie mochte mich zwar gern leiden, sie lächelte mich gar holdselig an, wenn ich in Herrn Holzschuers Garten unermüdlich mit ihr Blumen pflückte und Kränze wand, aber —" "Nun, so ist ja noch gar keine Hoffnung verloren," rief auf einmal Reinhold so heftig und mit solch widrig gellender Stimme, daß Friedrich sich fast entsetzte. Dabei raffte er sich auf, das Schwert klirrte an seiner Seite, und als er nun hoch aufgerichtet dastand, fielen die tiefen Nachtschatten auf sein verblaßtes Antlitz und verzerrten die milden Züge des Jünglings auf recht häßliche Weise, so daß Friedrich ganz ängstlich rief: "Was ist dir denn nun auf einmal geschehen?" dabei trat er ein paar Schritte zurück und stieß mit dem Fuß an Reinholds Reisebündel. Da rauschte aber ein Saitenklang auf, und Reinhold rief zornig: "Du böser Geselle, zerbrich mir nicht meine Laute." Das Instrument war an dem Reisebündel befestigt, Reinhold schnallte es los und griff stürmisch hinein, als wollte er alle Saiten zersprengen. Bald wurde aber das Spiel sanft und melodisch. "Laß uns," sprach er ganz in dem milden Ton wie zuvor, "laß uns, lieber Bruder, nun hinabgehen in das Dorf. Hier trage ich ein gutes Mittel in den Händen, die bösen Geister zu bannen, die uns etwa in den Weg treten und vorzüglich mir was anhaben könnten." "Ei, lieber Bruder," erwiderte Friedrich, "was sollten uns denn auf unserm Wege böse Geister anhaben? Aber dein Spiel ist gar lieblich, fahr nur damit fort." — Die goldnen Sterne waren hinaufgezogen an des Himmels dunklem Azur. Der Nachtwind strich im dumpfen Gesäusel über die duftenden Wiesen. Lauter murmelten die Bäche, ringsumher rauschten die düstern Bäume des fernen Waldes. Da zogen Friedrich und Reinhold hinab, spielend und singend, und hell und klar wie auf leuchtenden Schwingen wogten die süßen Töne ihrer sehnsüchtigen Lieder durch die Lüfte. Im Nachtlager angekommen, warf Reinhold Laute und Reisebündel schnell ab und drückte Friedrich stürmisch an seine Brust, der auf seinen Wangen die brennenden Tränen fühlte, die Reinhold vergossen.

WIE DIE BEIDEN JUNGEN GESELLEN, REINHOLD UND FRIEDRICH, IN MEISTER MARTINS HAUSE AUFGENOMMEN WURDEN

Als am andern Morgen Friedrich erwachte, vermißte er den neuerworbenen Freund, der ihm zur Seite sich auf das Strohlager geworfen hatte, und da er auch Laute und Reisebündel nicht mehr sah, so glaubte er nicht anders, als daß Reinhold aus ihm unbekannten Ursachen ihn verlassen und einen andern Weg eingeschlagen habe. Kaum trat Friedrich aber zum Hause heraus, als ihm Reinhold, Reisebündel auf dem Rücken, Laute unterm Arm, ganz anders gekleidet als gestern, entgegentrat. Er hatte die Feder vom Barett genommen, das Schwert abgelegt und statt des zierlichen Wamses mit dem Samtbesatz ein schlichtes Bürgerwams von unscheinbarer Farbe angezogen. "Nun," rief er fröhlich lachend dem verwunderten Freunde entgegen, "nun, Bruder, hältst du mich doch gewiß für deinen wahren Kumpan und wackern Kameraden. — Aber höre, für einen, der in Liebe ist, hast du tüchtig genug geschlafen. Sieh nur, wie hoch schon die Sonne steht. Laß uns nur gleich fortwandern." — Friedrich war still und in sich gekehrt, er antwortete kaum auf Reinholds Fragen, achtete

26

kaum auf seine Scherze. Ganz ausgelassen sprang
Reinhold hin und her, jauchzte und schwenkte das
Barett in den Lüften. Doch auch er wurde stiller
und stiller, je näher sie der Stadt kamen. "Ich
kann vor Angst, vor Beklommenheit, vor süßem
Weh nicht weiter, laß uns hier unter diesen
Bäumen ein wenig ruhen." So sprach Friedrich,
als sie schon beinahe das Tor von Nürnberg
erreicht hatten, und warf sich ganz erschöpft
nieder in das Gras. Reinhold setzte sich zu ihm
und fing nach einer Weile an: "Ich muß dir, mein
herziger Bruder, gestern abend recht verwunder-
lich vorgekommen sein. Aber als du mir von
deiner Liebe erzähltest, als du so trostlos warst, da
ging mir allerlei einfältiges Zeug durch den Kopf,
welches mich verwirrte und am Ende hätte toll
machen können, vertrieb nicht dein schöner
Gesang und meine Laute die bösen Geister.
Heute, als mich der erste Strahl der Morgensonne
weckte, war nun vollends, da schon vom Abend
der schlimme Spuk gewichen, alle Lebenslust in
mein Gemüt zurückgekehrt. Ich lief hinaus, und,
im Gebüsch umherkreuzend, kamen mir allerlei
herrliche Dinge in den Sinn. Wie ich dich so
gefunden, wie mein ganzes Gemüt sich dir
zugewandt! — Eine anmutige Geschichte, die sich
vor einiger Zeit in Italien zutrug, eben als ich dort
war, fiel mir ein, ich will sie dir erzählen, da sie
recht lebendig zeigt, was wahre Freundschaft
vermag. Es begab sich, daß ein edler Fürst,
eifriger Freund und Beschützer der schönen
Künste, einen sehr hohen Preis ausgesetzt hatte
für ein Gemälde, dessen herrlicher, aber gar
schwer zu behandelnder Gegenstand genau be-
stimmt war. Zwei junge Maler, die, durch das
engste Freundschaftsband verbunden, zusammen
zu arbeiten pflegten, beschlossen, um den Preis zu
ringen. Sie teilten sich ihre Entwürfe mit und
sprachen viel darüber, wie die Schwierigkeit des

27

Gegenstandes zu überwinden. Der Ältere, im Zeichnen, im Ordnen der Gruppen erfahrener, hatte bald das Bild erfaßt und entworfen und stand nun bei dem Jüngern, der, schon im Entwurf ganz verzagt, von dem Bilde abgelassen, hätte der Ältere ihn nicht unablässig ermuntert und guten Rat erteilt. Als sie nun zu malen begannen, wußte der Jüngere, ein Meister in der Kunst der Farbe, dagegen dem Ältern manchen Wink zu geben, den dieser mit tüchtigem Erfolg benutzte, so daß der Jüngere nie ein Bild besser gezeichnet, der Ältere nie ein Bild besser gefärbt hatte. Als die Gemälde vollendet waren, fielen sich beide Meister in die Arme, jeder war innig erfreut — entzückt über die Arbeit des andern, jeder dem andern den wacker verdienten Preis zuerkennend. Es begab sich aber, daß der Jüngere den Preis erhielt, da rief er ganz beschämt: 'O wie konnte ich denn den Preis erringen, was ist mein Verdienst gegen das meines Freundes, wie hätte ich denn nur ohne seinen Rat, ohne seinen wackern Beistand etwas Tüchtiges hervorbringen können?' Da sprach aber der Ältere: 'Und hast du mir denn nicht auch beigestanden mit tüchtigem Rat? Mein Gemälde ist wohl auch nichts Schlechtes, aber du hast den Preis davongetragen, wie sich's gebührt. Nach gleichem Ziel zu streben, wacker und offen, das ist recht Freundes Sache, der Lorbeer, den der Sieger erhält, ehrt auch den Besiegten; ich liebe dich nun noch mehr, da du so tapfer gerungen und mit deinem Siege mir auch Ruhm und Ehre gebracht hast.' — Nicht wahr, Friedrich, der Maler hatte recht? — Wacker, ohne allen tückischen Hinterhalt um gleichen Preis ringen, sollte das wahre Freunde nicht noch mehr, recht aus der Tiefe des Herzens einigen, statt sie zu entzweien? Sollte in edlen Gemütern wohl kleinlicher Neid oder gar hämischer Haß Raum finden können?" "Niemals," erwiderte

28

Friedrich, "gewiß niemals. Wir sind nun recht liebende Brüder geworden, in kurzer Zeit fertigen wir beide wohl das Nürnberger Meisterstück, ein tüchtiges zweifudriges Faß, ohne Feuer getrieben, aber der Himmel mag mich davor bewahren, daß ich auch nur den kleinsten Neid spüren sollte, wenn das deinige, lieber Bruder Reinhold, besser gerät als das meinige." "Ha, ha, ha," lachte Reinhold laut auf, "geh mir mit deinem Meisterstück, das wirst du schon fertigen, zur Lust aller tüchtigen Küper. Und daß du's nur weißt, was das Berechnen der Größe, der Proportion, das Abzirkeln der hübschen Rundung betrifft, da findest du an mir deinen Mann. Und auch in Ansehung des Holzes kannst du dich auf mich verlassen. Stabholz von im Winter gefällten Steineichen, ohne Wurmstich, ohne weiße oder rote Streifen, ohne Flammen, das suchen wir aus, du kannst meinem Auge trauen. Ich steh dir in allem bei mit Rat und Tat. Und darum soll mein Meisterstück nicht geringer ausfallen." "Aber du Herr im Himmelsthrone," unterbrach hier Friedrich den Freund, "was schwatzen wir denn davon, wer das beste Meisterstück machen soll? — Sind wir denn im Streit deshalb? — Das beste Meisterstück — um Rosa zu verdienen! — Wie kommen wir denn darauf! — mir schwindelt's im Kopfe." — "Ei, Bruder", rief Reinhold, immer noch lachend, "an Rosa war ja gar nicht gedacht. Du bist ein Träumer. Komm nur, daß wir endlich die Stadt erreichen." Friedrich raffte sich auf und wanderte ganz verwirrten Sinnes weiter. Als sie im Wirtshaus sich wuschen und abstäubten, sprach Reinhold zu Friedrich: "Eigentlich weiß ich für mein Teil gar nicht, bei welchem Meister ich in Arbeit gehen soll, es fehlt mir hier an aller Bekanntschaft, und da dächt ich, du nähmst mich nur gleich mit zum Meister Martin, lieber Bruder! Vielleicht gelingt es mir, bei ihm anzukommen."

"Du nimmst mir", erwiderte Friedrich, "eine schwere Last vom Herzen, denn wenn du bei mir bleibst, wird es mir leichter werden, meine Angst, meine Beklommenheit zu besiegen." So schritten nun beide jungen Gesellen rüstig fort nach dem Hause des berühmten Küpers, Meister Martin. — Es war gerade der Sonntag, an dem Meister Martin seinen Kerzenmeister-Schmaus gab, und hohe Mittagszeit. So kam es, daß, als Reinhold und Friedrich in Martins Haus hineintraten, ihnen Gläsergeklirr und das verwirrte Getöse einer lustigen Tischgesellschaft entgegenklang. "Ach," sprach Friedrich ganz kleinmütig, "da sind wir wohl zur unrechten Stunde gekommen." "Ich denke", erwiderte Reinhold, "gerade zur rechten, denn beim frohen Mahl ist Meister Martin gewiß guter Dinge und aufgelegt, unsere Wünsche zu erfüllen." Bald trat auch Meister Martin, dem sie hatten sich ankündigen lassen, in festlichen Kleidern angetan, mit nicht geringer Glut auf Nas und Wange heraus auf den Flur. Sowie er Friedrich gewahrte, rief er laut: "Sieh da, Friedrich! Guter Junge, bist du wieder heimgekommen? — Das ist brav! — Und hast dich auch zu dem hochherrlichen Küperhandwerk gewandt! — Zwar zieht Herr Holzschuer, wenn von dir die Rede ist, verdammte Gesichter und meint, an dir sei nun gar ein großer Künstler verdorben, und du hättest wohl solche hübsche Bildlein und Geländer gießen können, wie sie in St. Sebald und an Fuggers Hause zu Augsburg zu sehen, aber das ist nur dummes Gewäsche, du hast recht getan, dich zu dem Rechten zu wenden. Sei mir vieltausendmal willkommen." Und damit faßte ihn Herr Martin bei den Schultern und drückte ihn an sich, wie er es zu tun pflegte, in herzlicher Freude. Friedrich lebte ganz auf bei Meister Martins freundlichem Empfang, alle Beklommenheit war von ihm gewichen, und er trug frei und unverzagt

dem Meister nicht allein sein Anliegen vor,
sondern empfahl auch Reinhold zur Aufnahme.
"Nun," sprach Meister Martin, "nun in der Tat,
zu gelegnerer Zeit hättet ihr gar nicht kommen
können, als eben jetzt, da sich die Arbeit häuft und
es mir an Arbeitern gebricht. Seid mir beide
herzlich willkommen. Legt nur eure Reisebündel
ab und tretet hinein, die Mahlzeit ist zwar beinahe
geendet, aber ihr könnt doch noch Platz nehmen
an der Tafel, und Rosa soll für euch noch sorgen."
Damit ging Herr Martin mit den beiden Gesellen
hinein. Da saßen denn nun die ehrsamen Meister,
obenan der würdige Handwerksherr Jakobus
Paumgartner, mit glühenden Gesichtern. Der
Nachtisch war eben aufgetragen, und ein edlerer
Wein perlte in den großen Trinkgläsern. Es war
an dem, daß jeder Meister mit lauter Stimme von
etwas anderem sprach, und doch alle meinten sich
zu verstehen, und daß bald dieser oder jener laut
auflachte, er wußte nicht warum. Aber wie nun
der Meister Martin, beide Jünglinge an der Hand,
laut verkündete, daß soeben sich ganz erwünscht
die beiden, mit guten Handwerkszeugnissen
versehenen Gesellen bei ihm eingefunden hätten,
wurde alles still, und jeder betrachtete die
schmucken Leute mit behaglichem Wohlgefallen.
Reinhold schaute mit hellen Augen beinahe stolz
umher, aber Friedrich schlug die Augen nieder
und drehte das Barett in den Händen. Meister
Martin wies den Jünglingen Plätze an dem unter-
sten Ende der Tafel an, aber das waren wohl
gerade die herrlichsten, die es nur gab, denn
alsbald erschien Rosa, setzte sich zwishen beiden
und bediente sie sorglich mit köstlichen Speisen
und edlem Getränk. — Die holde Rosa, in hoher
Anmut, in vollem Liebreiz prangend, zwischen
den beiden bildschönen Jünglingen, mitten unter
den alten bärtigen Meistern — das war gar lieblich anzuschauen, man mußte an ein leuchtendes

Morgenwölklein denken, das einzeln am düstern Himmel heraufgezogen, oder es mochten auch wohl schöne Frühlingsblumen sein, die ihre glänzenden Häupter aus trübem, farblosem Grase erhoben. Friedrich vermochte vor lauter Wonne und Seligkeit kaum zu atmen, nur verstohlen blickte er dann und wann nach der, die sein ganzes Gemüt erfüllte: er starrte vor sich hin auf den Teller — wie wär es ihm möglich gewesen, nur einen Bissen herunterzubringen. Reinhold dagegen wandte die Augen, aus denen funkelnde Blitze strahlten, nicht ab von der lieblichen Jungfrau. Er fing an von seinen weiten Reisen zu erzählen auf solch wunderbare Art, wie es Rosa noch niemals gehört hatte. Es war ihr, als wenn alles, wovon Reinhold nur sprach, lebendig aufginge in tausend stets wechselnden Gestalten. Sie war ganz Aug, ganz Ohr, sie wußte nicht, wie ihr geschah, wenn Reinhold in vollem Feuer der Rede ihre Hand ergriff und sie an seine Brust drückte. "Aber," brach Reinhold plötzlich ab, "aber Friedrich, was sitzest du da stumm und starr. Ist dir die Rede vergangen? Komm! — Laß uns anstoßen auf das Wohl der lieben holden Jungfrau, die uns so gastlich bewirtet." Friedrich ergriff mit zitternder Hand das große Trinkglas, das Reinhold bis an den Rand gefüllt hatte und das er (Reinhold ließ nicht nach) bis auf den letzten Tropfen leeren mußte. "Nun soll unser braver Meister leben," rief Reinhold, schenkte wieder ein, und abermals mußte Friedrich das Glas austrinken. Da fuhren die Feuergeister des Weins durch sein Inneres und regten das stockende Blut an, daß es siedend in allen Pulsen und Adern hüpfte. "Ach, mir ist so unbeschreiblich wohl," lispelte er, indem glühende Röte in sein Antlitz stieg, "ach, so gut ist es mir auch ja noch nicht geworden." Rosa, die seine Worte wohl ganz anders deuten mochte, lächelte ihn an mit unbeschreiblicher Milde. Da sprach Friedrich, befreit von aller Bangigkeit: "Liebe Rosa, Ihr möget Euch meiner wohl gar nicht mehr erinnern?" "Ei, lieber Friedrich," erwiderte Rosa mit niedergeschlagenen Augen, "ei, wie wär's denn möglich, daß ich Euch vergessen haben sollte in so kurzer Zeit. Bei dem alten Herrn Holzschuer — damals war ich zwar noch ein Kind, aber Ihr verschmähtet es nicht, mit mir zu spielen, und wußtet immer was Hübsches, was Artiges aufs Tapet zu bringen. Und das kleine allerliebste Körblein von feinem Silberdraht, das Ihr mir damals zu Weihnachten schenktet, das habe ich noch und verwahre es sorglich als ein teures Andenken." Tränen glänzten in den Augen des wonnetrunkenen Jünglings, er wollte sprechen, aber nur wie ein tiefer Seufzer entquollen der Brust die Worte: "O Rosa — liebe, liebe — Rosa!" — "Immer," fuhr Rosa fort, "immer hab ich recht herzlich gewünscht, Euch wiederzusehen, aber daß Ihr zum Küperhandwerk übergehen würdet, das hab ich nimmermehr geglaubt. Ach, wenn ich an die schönen Sachen denke, die Ihr damals bei dem Meister Holzschuer verfertigtet, es ist doch schade, daß Ihr nicht bei Eurer Kunst geblieben seid." "Ach Rosa," sprach Friedrich, "nur um Euretwillen wurde ich ja untreu meiner lieben Kunst." — Kaum waren diese Worte heraus, als Friedrich hätte in die Erde sinken mögen vor Angst und Scham! — Das unbesonnenste Geständnis war auf seine Lippen gekommen. Rosa, wie alles ahnend, wandte das Gesicht von ihm weg, er rang vergebens nach Worten. Da schlug Herr Paumgartner mit dem Messer hart auf den Tisch und verkündete der Gesellschaft, daß Herr Vollrad, ein würdiger Meistersinger, ein Lied anstimmen werde. Herr Vollrad stand denn auch alsbald auf, räusperte sich und sang solch ein schönes Lied in der güldnen Tonweis Hanns

Vogelgesangs, daß allen das Herz vor Freuden hüpfte und selbst Friedrich sich wieder erholte von seiner schlimmen Bedrängnis. Nachdem Herr Vollrad noch mehrere schöne Lieder in andern herrlichen Weisen, als da ist: der süße Ton, die Krummzinkenweis, die geblümte Paradiesweis, die frisch Pomeranzenweis u. a., gesungen, sprach er, daß, wenn jemand an der Tafel was von der holdseligen Kunst der Meistersinger verstehe, er nun auch ein Lied anstimmen möge. Da stand Reinhold auf und sprach, wenn es ihm erlaubt sei, sich auf italische Weise mit der Laute zu begleiten, so wolle er wohl auch ein Lied anstimmen und dabei die deutsche Weis ganz beibehalten. Er holte, als niemand etwas dagegen hatte, sein Instrument herbei und hub, nachdem er in gar lieblichen Klängen präludiert hatte, folgendes Lied an:

"Wo steht das Brünnelein,
Was sprudelt würzigen Wein?
Im tiefen Grund,
Da kunt
Ihr fröhlich schaun
Sein lieblich golden Rinnen,
Das schöne Brünnelein,
Drin sprudelt goldner Wein,
Wer hat's gemacht,
Bedacht
Mit hoher Kunst
Und wackrem Fleiß daneben?
Das lust'ge Brünnelein
Mit hoher Kunst gar fein,
Allein
Tät es der Küper machen.
Erglüht von edlem Wein,·
Im Herzen Liebe rein,
Jung Küpers Art,
Gar zart
Ist das in allen Sachen."

Das Lied gefiel allen über die Massen wohl, aber keinem so sehr als dem Meister Martin, dem die Augen vor Freude und Entzücken glänzten. Ohne auf Vollrad zu achten, der beinahe zu viel von der stumpfen Schoßweis Hans Müllers sprach, die der Geselle gut genug getroffen — ohne auf ihn zu achten, stand Meister Martin auf von seinem Sitze und schrie, indem er sein Paßglas in die Höhe hob: "Komm her — du wackrer Küper und Meistersinger — komm her, mit mir, mit deinem Meister Martin, sollst du dies Glas leeren!" Reinhold mußte tun, wie ihm geboten. Als er zu seinem Platz zurückkehrte, raunte er dem tiefsinnigen Friedrich ins Ohr: "Nun mußt du singen — sing das Lied von gestern abend." "Bist du rasend?" erwiderte Friedrich ganz erzürnt. Da sprach Reinhold mit lauter Stimme zur Gesellschaft: "Ihr ehrbaren Herren und Meister! Hier mein lieber Bruder Friedrich ist noch viel schönerer Lieder mächtig und hat eine viel lieblichere Stimme als ich, aber die Kehle ist ihm verstaubt von der Reise, und da wird er ein andermal seine Lieder in den herrlichsten Weisen euch auftischen!" — Nun fielen alle mit Lobeserhebungen über Friedrich her, als ob er schon gesungen hätte. Manche Meister meinten sogar endlich, daß seine Stimme in der Tat doch lieblicher sei, als die des Gesellen Reinhold, so wie Herr Vollrad, nachdem er noch ein volles Glas geleert hatte, überzeugt war, daß Friedrich doch die deutschen schönen Weisen besser treffe als Reinhold, der gar zu viel Italisches an sich habe. Aber Meister Martin warf den Kopf in den Nacken, schlug sich auf den runden Bauch, daß es klatschte, und rief: "Das sind nun *meine* Gesellen — *meine*, sag ich, des Küpermeisters Tobias Martin zu Nürnberg Gesellen!" — Und alle Meister nickten mit den Häuptern und sprachen, die letzten Tropfen aus den hohen

Trinkgläsern nippend: "Ja, ja! — Eure, des
Meisters Martin brave, wackere Gesellen!" —
Man begab sich endlich zur Ruhe. Reinhold und
Friedrich, jedem wies Meister Martin eine
schmucke, helle Kammer in seinem Hause an.

WIE DER DRITTE GESELL ZU MEISTER MARTIN INS HAUS KAM, UND WAS SICH DARAUF WEITER BEGAB

Als die beiden Gesellen Reinhold und Friedrich
einige Wochen hindurch in Meister Martins
Werkstatt gearbeitet hatten, bemerkte dieser, daß,
was Messung mit Lineal und Zirkel, Berechnun-
gen und richtiges Augenmass betraf, Reinhold
wohl seinesgleichen suchte, doch anders war es bei
der Arbeit auf der Fügbank, mit dem Lenkbeil
oder mit dem Schlegel. Da ermattete Reinhold
sehr bald, und das Werk förderte nicht, er mochte
sich mühen, wie er wollte. Friedrich dagegen
hobelte und hämmerte frisch darauflos, ohne
sonderlich zu ermüden. Was sie aber miteinander
gemein hatten, war ein sittiges Betragen, in das,
vorzüglich auf Reinholds Anlaß, viel unbefangene
Heiterkeit und gemütliche Lust kam. Dazu
schonten sie in voller Arbeit, zumal wenn die
holde Rosa zugegen war, nicht ihre Kehlen,
sondern sangen mit ihren lieblichen Stimmen, die
gar anmutig zusammengingen, manches herrliche
Lied. Und wollte dann auch Friedrich, indem er
hinüberschielte nach Rosen, in den schwermütigen
Ton verfallen, so stimmte Reinhold sogleich ein
Spottlied an, das er ersonnen und das anfing:
"Das Faß ist nicht die Zither, die Zither nicht das
Faß", so daß der alte Herr Martin oft den Degsel,
den er schon zum Schlage erhoben, wieder sinken
ließ und sich den wackelnden Bauch hielt vor
innigem Lachen. Überhaupt hatten die beiden
Gesellen, vorzüglich aber Reinhold, sich ganz in

Martins Gunst festgenistet, und wohl konnte man bemerken, daß Rosa auch manchen Vorwand suchte, um öfter und länger in der Werkstatt zu verweilen, als sonst wohl geschehen sein mochte.

Eines Tages trat Herr Martin ganz nachdenklich in seine offene Werkstatt vor dem Tore hinein, wo den Sommer über gearbeitet wurde. Eben setzten Reinhold und Friedrich ein kleines Faß auf. Da stellte sich Meister Martin vor sie hin mit übereinandergeschlagenen Armen und sprach: "Ich kann euch gar nicht sagen, ihr lieben Gesellen, wie sehr ich mit euch zufrieden bin, aber nun komme ich doch in große Verlegenheit. Vom Rhein her schreiben sie, daß das heurige Jahr, was den Weinbau betrifft, gesegneter sein werde, als je eins gewesen. Ein weiser Mann hat gesagt, der Komet, der am Himmel heraufgezogen, befruchte mit seinen wunderbaren Strahlen die Erde, so daß sie aus den tiefsten Schachten alle Glut, die die edlen Metalle kocht, herausströmen und ausdunsten werde in die durstigen Reben, die in üppigem Gedeihen Traub auf Traube hervorarbeiten und das flüßige Feuer, von dem sie getränkt, hineinsprudeln würden in das Gewächs. Erst nach beinahe dreihundert Jahren werde solch günstige Konstellation wieder eintreten. — Da wird's nun Arbeit geben die Hülle und die Fülle. Und dazu kommt noch, daß auch der hochwürdige Herr Bischof von Bamberg an mich geschrieben und ein großes Faß bei mir bestellt hat. Damit können wir nicht fertig werden, und es tut not, daß ich mich noch nach einem tüchtigen Gesellen umschaue. Nun möcht ich aber auch nicht gleich diesen oder jenen von der Straße unter uns aufnehmen, und doch brennt mir das Feuer auf den Nägeln. Wenn ihr einen wackern Gesellen irgendwo wißt, den ihr unter euch leiden möchtet, so sagt's nur, ich schaff ihn her, und sollt es mir auch ein gut Stück Geld kosten." Kaum hatte

37

Meister Martin dies gesprochen, als ein junger Mensch von hohem kräftigem Bau mit starker Stimme hineinrief: "He da! Ist das hier Meister Martins Werkstatt?" "Freilich," erwiderte Meister Martin, indem er auf den jungen Gesellen losschritt, "freilich ist sie das, aber Ihr braucht gar nicht so mörderlich hineinzuschreien und hineinzutappen, so kommt man nicht zu den Leuten." "Ha, ha, ha," lachte der junge Gesell, "Ihr seid wohl Meister Martin selbst, denn so mit dem dicken Bauche, mit dem stattlichen Unterkinn, mit den blinzelnden Augen, mit der roten Nase, gerade so ist er mir beschrieben worden. Seid mir schön gegrüßt, Meister Martin." "Nun, was wollt Ihr denn von Meister Martin?" fragte dieser ganz unmutig. "Ich bin," antwortete der junge Mensch, "ich bin ein Küpergesell und wollte nur fragen, ob ich bei Euch in Arbeit kommen könnte." Meister Martin trat vor Verwunderung, daß gerade in dem Augenblick, als er gesonnen war, einen Gesellen zu suchen, sich einer meldete, ein paar Schritte zurück und maß den jungen Menschen vom Kopf bis zum Fuße. Der schaute ihn aber keck an mit blitzenden Augen. Als nun Meister Martin die breite Brust, den starken Gliederbau, die kräftigen Fäuste des jungen Menschen bemerkte, dachte er bei sich: "Gerade solch einen tüchtigen Kerl brauche ich ja", und fragte ihn sogleich nach den Handwerkszeugnissen. "Die hab ich nicht zur Hand," erwiderte der junge Mensch, "aber ich werde sie beschaffen in kurzer Zeit und geb Euch jetzt mein Ehrenwort, daß ich treu und redlich arbeiten will, das muß Euch genügen." Und damit, ohne Meister Martins Antwort abzuwarten, schritt der junge Gesell zur Werkstatt hinein, warf Barett und Reisebündel ab, zog das Wams herunter, band das Schurzfell vor und sprach: "Sagt nur gleich an, Meister Martin, was ich

38

jetzt arbeiten soll." Meister Martin, ganz ver-
dutzt über des fremden Jünglings keckes Betragen,
mußte sich einen Augenblick besinnen, dann
sprach er: "Nun, Geselle, beweiset einmal gleich,
daß Ihr ein tüchtiger Küper seid, nehmt den
Gargelkamm zur Hand und fertigt an dem Faß,
das dort auf dem Endstuhl liegt, die Kröse." Der
fremde Gesell vollführte das, was ihm geheißen,
mit besonderer Stärke, Schnelle und Geschicklichkeit und rief dann, indem er hell auflachte:
"Nun, Meister Martin, zweifelt Ihr noch daran,
daß ich ein tüchtiger Küper bin? — Aber," fuhr
er fort, indem er, in der Werkstatt auf und ab
gehend, mit den Blicken Handwerkszeug und
Holzvorrat musterte, "aber habt Ihr auch tüchtiges Gerät, und — was ist denn das für ein
Schlegelchen dort, damit spielen wohl Eure
Kinder? — und das Lenkbeilchen, hei! das ist
wohl für die Lehrburschen?" — Und damit
schwang er den großen schweren Schlegel, den
Reinhold gar nicht regieren konnte und mit dem
Friedrich nur mühsam hantierte, das wuchtige
Lenkbeil, mit dem Meister Martin selbst arbeitete,
hoch in den Lüften. Dann rollte er ein paar
große Fässer wie leichte Bälle beiseite und ergriff
eine von den dicken, noch nicht ausgearbeiteten
Dauben. "Ei," rief er, "ei, Meister, das ist gutes
Eichenstabholz, das muß springen wie Glas!"
Und damit schlug er die Daube gegen den
Schleifstein, daß sie mit lautem Schall glatt ab in
zwei Stücke zerbrach. "O wollt Ihr doch," sprach
Meister Martin, "wollt Ihr doch, lieber Gesell,
nicht etwa jenes zweifudrige Faß herausschmeißen
oder gar die ganze Werkstatt zusammenschlagen.
Zum Schlegel könnt Ihr ja den Balken dort
brauchen, und damit Ihr auch ein Lenkbeil nach
Eurem Sinn bekommt, will ich Euch das drei
Ellen lange Rolandsschwert vom Rathause
herunterholen." "Das wär mir nun eben recht,"

rief der junge Mensch, indem ihm die Augen funkelten, aber sogleich schlug er den Blick nieder und sprach mit gesenkter Stimme: "Ich dachte nur, lieber Meister, daß Ihr zu Eurer großen Arbeit recht starke Gesellen nötig hättet, und da bin ich wohl mit meiner Leibeskraft etwas zu vorlaut, zu prahlerisch gewesen. Nehmt mich aber immerhin in Arbeit, ich will wacker schaffen, was Ihr von mir begehrt." Meister Martin sah dem Jüngling ins Gesicht und mußte sich gestehen, daß ihm wohl nie edlere und dabei grundehrlichere Züge vorgekommen. Ja, es war ihm, als rege sich bei dem Anblick des Jünglings die dunkle Erinnerung irgendeines Mannes auf, den er schon seit langer Zeit geliebt und hochverehrt, doch konnte er diese Erinnerung nicht ins klare bringen, wiewohl er deshalb des Jünglings Verlangen auf der Stelle erfüllte und ihm nur aufgab, sich nächstens durch glaubhafte Atteste zum Handwerk gehörig auszuweisen. Reinhold und Friedrich waren indessen mit dem Aufsetzen des Fasses fertig geworden und trieben nun die ersten Bände auf. Dabei pflegten sie immer ein Lied anzustimmen und taten es nun auch, indem sie ein feines Lied in der Stieglitzweis Adam Puschmanns begannen. Da schrie aber Konrad (so war der neue Gesell geheißen) von der Fügbank, an die ihn Meister Martin gestellt, herüber: "Ei, was ist denn das für ein Quinkelieren? Kommt es mjr doch vor, als wenn die Mäuse pfeifen hier in der Werkstatt. Wollt ihr was singen, so singt so, daß es einem das Herz erfrischt und Lust macht zur Arbeit. Solches mag ich auch wohl bisweilen tun." Und damit begann er ein tolles Jagdlied mit Hallo und Hussa! Und dabei ahmte er das Gebell der Hundekoppeln, die gellenden Rufe der Jäger mit solch durchdringender, schmetternder Stimme nach, daß die großen Fässer widerklangen und die ganze Werkstatt erdröhnte. Meister

Martin verhielt sich mit beiden Händen die Ohren, und der Frau Marthe (Valentins Witwe) Knaben, die in der Werkstatt spielten, verkrochen sich furchtsam unters Stabholz. In dem Augenblick trat Rosa hinein, verwundert, erschrocken über das fürchterliche Geschrei, was gar nicht Singen zu nennen. Sowie Konrad Rosa gewahrte, schwieg er augenblicklich, stand von der Fügbank auf und nahte sich ihr, sie mit dem edelsten Anstande grußend. Dann sprach er mit sanfter Stimme, leuchtendes Feuer in den hellen braunen Augen: "Mein holdes Fräulein, welch ein süßer Rosenschimmer ging denn auf in dieser schlechten Arbeitshütte, als Ihr eintratet, o wäre ich Euer doch nur früher ansichtig geworden, nicht Eure zarten Ohren hätt' ich beleidigt mit meinem wilden Jagdliede! — O," (so rief er, sich zum Meister Martin und den andern Gesellen wendend) "o, hört doch nur auf mit euerm abscheulichen Geklapper! — Solange euch das liebe Fräulein ihres Anblicks würdigt, mögen Schlegel und Treiber ruhn. Nur *ihre* süße Stimme wollen wir hören und mit gebeugtem Haupt erlauschen, was *sie* gebietet uns demütigen Knechten." Reinhold und Friedrich schauten sich ganz verwundert an, aber Meister Martin lachte hell auf und rief: "Nun, Konrad! — nun ist's klar, daß Ihr der allernärrischste Kauz seid, der jemals ein Schurzfell vorgebunden. Erst kommt Ihr her und wollt mir wie ein ungeschlachter Riese alles zerschmeißen, dann brüllt Ihr dermaßen, daß uns allen die Ohren gellen, und zum würdigen Schluß aller Tollheit seht Ihr mein Töchterlein Rosa für ein Edelfräulein an und gebärdet Euch wie ein verliebter Junker!" "Eure holde Tochter," erwiderte Konrad gelassen, "Eure holde Tochter kenne ich gar wohl, lieber Meister Martin, aber ich sage Euch, daß sie das hochherrlichste Fräulein ist, das auf Erden wandelt, und mag der Himmel verleihen, daß sie den edelsten Junker würdige, in treuer, ritterlicher Liebe ihr Paladin zu sein." Meister Martin hielt sich die Seiten, er wollte ersticken, bis er dem Lachen Luft gab durch Krächzen und Hüsteln. Kaum der Sprache mächtig, stotterte er dann: "Gut — sehr gut, mein allerliebster Junge, magst du meine Rosa immerhin für ein hochadlig Fräulein halten, ich gönn es dir — aber dem unbeschadet — sei so gut und gehe fein zurück an deine Fügbank!" Konrad blieb eingewurzelt stehen mit niedergeschlagenem Blick, rieb sich die Stirn, sprach leise: "Es ist ja wahr", und tat dann, wie ihm geheißen. Rosa setzte sich, wie sie immer in der Werkstatt zu tun pflegte, auf ein klein Fäßlein, das Reinhold sorglich abgestäubt und Friedrich herbeigeschoben hatte. Beide fingen, Meister Martin gebot es ihnen, nun aufs neue das schöne Lied an, in dem sie der wilde Konrad unterbrochen, der nun, still und ganz in sich versunken, an der Fügbank fortarbeitete.

Als das Lied geendet, sprach Meister Martin: "Euch hat der Himmel eine schöne Gabe verliehen, ihr lieben Gesellen! — Ihr glaubt gar nicht, wie hoch ich die holdselige Singekunst achte. Wollt ich doch auch einmal ein Meistersinger werden, aber das ging nun ganz und gar nicht, ich mochte es auch anstellen, wie ich wollte. Mit aller meiner Mühe erntete ich nur Hohn und Spott ein. Beim Freisingen machte ich bald falsche Anhänge, bald Klebsilben, bald ein falsch Gebände, bald falsche Blumen oder verfiel ganz und gar in falsche Melodei. — Nun, ihr werdet es besser machen, und es wird heißen, was der Meister nicht vermag, das tun doch seine Gesellen. Künftigen Sonntag ist zur gewöhnlichen Zeit nach der Mittagspredigt ein Meistersingen in der Sankt Katharinenkirche, da könnet ihr beide, Reinhold und Friedrich, Lob und Ehre erlangen mit eurer schönen Kunst, denn vor dem Hauptsingen wird ein Freisingen gehalten, woran ihr sowie jeder Fremde, der der Singekunst mächtig, ungehindert teilnehmen könnet. Nun, Gesell Konrad" (so rief Meister Martin herüber zur Fügbank), "nun, Gesell Konrad, mögt Ihr nicht auch den Singstuhl besteigen und Euer schönes Jagdlied anstimmen?" "Spottet nicht," erwiderte Konrad, ohne aufzublicken, "spottet nicht, lieber Meister! Jedes an seinem Platze. Während Ihr Euch an dem Meistersingen erbaut, werde ich auf der Allerwiese meinem Vergnügen nachgehn."

Es kam so, wie Meister Martin wohl vermutet. Reinhold bestieg den Singestuhl und sang Lieder in unterschiedlichen Weisen, die alle Meistersinger erfreuten, wiewohl sie meinten, daß dem Sänger zwar kein Fehler, aber eine gewisse ausländische Art, selbst könnten sie nicht sagen, worin die eigentlich bestehe, vorzuwerfen sei. Bald darauf setzte sich Friedrich auf den Singestuhl, zog sein Barett ab und begann, nachdem er einige Sekunden vor sich hingeschaut, dann aber einen Blick in die Versammlung geworfen, der wie ein glühender Pfeil der holden Rosa in die Brust drang, daß sie tief aufseufzen mußte, ein solches herrliches Lied im zarten Ton Heinrich Frauenlobs, daß alle Meister einmütiglich bekannten, keiner unter ihnen vermöge den jungen Gesellen zu übertreffen.

Als der Abend herangekommen und die Singschule geendigt, begab sich Meister Martin, um den Tag recht zu genießen, in heller Fröhlichkeit mit Rosa nach der Allerwiese. Die beiden Gesellen Reinhold und Friedrich durften mitgehen. Rosa schritt in ihrer Mitte. Friedrich, ganz verklärt von dem Lobe der Meister, in seliger Trunkenheit, wagte manches kühne Wort, das Rosa, die Augen verschämt niederschlagend, nicht vernehmen zu wollen schien. Sie wandte sich lieber zu Reinhold, der nach seiner Weise allerlei Lustiges schwatzte und sich nicht scheute, seinen Arm um Rosas Arm zu schlingen. Schon in der Ferne hörten sie das jauchzende Getöse auf der Allerwiese. An den Platz gekommen, wo die Jünglinge sich in allerlei, zum Teil ritterlichen Spielen ergötzten, vernahmen sie, wie das Volk ein Mal übers andere rief: "Gewonnen, gewonnen — er ist's wieder, der Starke! — Ja, gegen den kommt niemand auf!" — Meister Martin gewahrte, als er sich durchs Volk gedrängt hatte, daß alles Lob, alles Jauchzen des Volks niemandem anders galt als seinem Gesellen Konrad. Der hatte im Wettrennen, im Faustkampf, im Wurfspießwerfen alle übrigen übertroffen. Als Martin herankam, rief Konrad eben, ob es jemand mit ihm aufnehmen wolle im lustigen Kampfspiel mit stumpfen Schwertern. Mehrere wackere Patrizierjünglinge, solch ritterlichen Spiels gewohnt, ließen sich ein auf die Forderung. Nicht lange dauerte es aber, so hatte Konrad auch hier ohne alle große Mühe und Anstrengung sämtliche Gegner überwunden, so daß des Lobpreisens seiner Gewandtheit und Stärke gar kein Ende war.

Die Sonne war herabgesunken, das Abendrot erlosch, und die Dämmerung stieg mit Macht herauf. Meister Martin, Rosa und die beiden Gesellen hatten sich an einem plätschernden Springquell gelagert. Reinhold erzählte viel Herrliches von dem fernen Italien, aber Friedrich schaute still und selig der holden Rosa in die Augen. Da kam Konrad heran, leisen, zögernden Schrittes, wie mit sich selbst uneins, ob er sich zu den andern lagern solle oder nicht. Meister Martin rief ihm entgegen: "Nun, Konrad, kommt nur immer heran, Ihr habt Euch tapfer gehalten auf der Wiese, so kann ich's wohl leiden an meinen Gesellen, so ziemt es ihnen auch. Scheut Euch nicht, Geselle! Setzt Euch zu uns, ich erlaub es Euch!" Konrad warf einen durch-

bohrenden Blick auf den Meister, der ihm gnädig
zunickte, und sprach dann mit dumpfer Stimme:
"Vor Euch scheue ich mich nun ganz und gar
nicht, hab Euch auch noch gar nicht nach der
Erlaubnis gefragt, ob ich mich hier lagern darf
oder nicht, komme überhaupt auch gar nicht zu
Euch. Alle meine Gegner hab ich in den Sand
gestreckt im lustigen Ritterspiel, und da wollt ich
nur das holde Fräulein fragen, ob sie mir nicht
auch wie zum Preis des lustigen Spiels den
schönen Strauß verehren wollte, den sie an der
Brust trägt." Damit ließ sich Konrad vor Rosa
auf ein Knie nieder, schaute mit seinen klaren
braunen Augen ihr recht ehrlich ins Antlitz und
bat: "Gebt mir immer den schönen Strauß als
Siegespreis, holde Rosa, Ihr dürft mir das nun
durchaus nicht abschlagen." Rosa nestelte auch
gleich den Strauß los und gab ihn Konrad, indem
sie lachend sprach: "Ei, ich weiß ja wohl, daß
einem solchen tapfern Ritter, wie Ihr seid, solch
ein Ehrenzeichen von einer Dame gebührt, und
so nehmt immerhin meine welk gewordenen
Blumen." Konrad küßte den ihm dargebotenen
Strauß und steckte ihn dann an sein Barett, aber
Meister Martin rief, indem er aufstand: "Nun seh
mir einer die tollen Possen! — Doch laßt uns
nach Hause wandeln, die Nacht bricht ein." Herr
Martin schritt vorauf, Konrad ergriff mit sittigem,
zierlichem Anstande Rosas Arm, Reinhold und
Friedrich schritten ganz unmutig hinterher. Die
Leute, denen sie begegneten, blieben stehen und
schauten ihnen nach, indem sie sprachen: "Ei, seht
nur, seht, das ist der reiche Küper Tobias Martin
mit seinem holden Töchterlein und seinen
wackern Gesellen. Das nenn ich mir hübsche
Leute!"

45

Wie Frau Marthe mit Rosa von den drei Gesellen sprach — Konrads Streit mit dem Meister Martin

Junge Mägdlein pflegen wohl alle Lust des Festtages erst am andern Morgen sich so recht durch Sinn und Gemüt gehen zu lassen, und diese Nachfeier dünkt ihnen dann beinahe noch schöner als das Fest selbst. So saß auch die holde Rosa am andern Morgen einsam in ihrem Gemach und ließ, die gefalteten Hände auf dem Schoß, das Köpfchen sinnend vor sich hingeneigt, Spindel und Nähterei ruhen. Wohl mocht es sein, daß sie bald Reinholds und Friedrichs Lieder hörte, bald den gewandten Konrad sah, wie er seine Gegner besiegte, wie er sich von ihr den Preis des Siegers holte, denn bald summte sie ein paar Zeilen irgendeines Liedleins, bald lispelte sie: "Meinen Strauß wollt Ihr?" und dann leuchtete höheres Rot auf ihren Wangen, schimmerten Blitze durch die niedergesenkten Wimpern, stahlen sich leise Seufzer fort aus der innersten Brust. Da trat Frau Marthe hinein, und Rosa freute sich nun, recht umständlich erzählen zu können, wie alles sich in der St. Katharinenkirche und auf der Allerwiese begeben. Als Rosa geendet, sprach Frau Marthe lächelnd: "Nun, liebe Rosa, nun werdet Ihr wohl bald unter drei schmucken Freiern wählen können." "Um Gott," fuhr Rosa auf, ganz erschrocken und blutrot im Gesicht bis unter die Augen, "um Gott, Frau Marthe, wie meint Ihr denn das? — ich! — drei Freier?" "Tut nur nicht so," sprach Frau Marthe weiter, "tut nur nicht so, liebe Rosa, als ob Ihr gar nichts wissen, nichts ahnen könntet. Man müßte ja wahrhaftig gar keine Augen haben, man müßte ganz verblendet sein, sollte man nicht schauen, daß unsere Gesellen Reinhold, Friedrich und Konrad, ja daß alle drei in der heftigsten Liebe zu Euch sind." "Was bildet Ihr Euch ein,

Frau Marthe?" lispelte Rosa, indem sie die Hand
vor die Augen hielt. "Ei," fuhr Frau Marthe
fort, indem sie sich vor Rosa hinsetzte und sie mit
einem Arm umschlang, "ei, du holdes, ver-
schämtes Kind, die Hände weg, schau mir recht
fest in die Augen, und dann leugne, daß du es
längst gut gemerkt hast, wie die Gesellen dich in
Herz und Sinn tragen, leugne das! — Siehst du
wohl, daß du das nicht kannst? — Nun, es wäre
auch wirklich wunderbar, wenn eines Mägdleins
Augen nicht so was gleich erschauen sollten. Wie
die Blicke von der Arbeit weg dir zufliegen, wie
ein rascherer Takt alles belebt, wenn du in die
Werkstatt trittst. Wie Reinhold und Friedrich ihre
schönsten Lieder anstimmen, wie selbst der wilde
Konrad fromm und freundlich wird, wie jeder
sich müht dir zu nahen, wie flammendes Feuer
aufflackert im Antlitz dessen, den du eines holden
Blicks, eines freundlichen Worts würdigst! Ei,
mein Töchterchen, ist es denn nicht schön, daß
solche schmucke Leute um dich buhlen? — Ob du
überhaupt einen und wen von den dreien du
wählen wirst, das kann ich in der Tat gar nicht
sagen, denn freundlich und gut bist du gegen alle,
wiewohl ich — doch still, still davon. Kämst du
nun zu mir und sprächst: 'Ratet mir, Frau
Marthe, wem von diesen Jünglingen, die sich um
mich mühen, soll ich Herz und Hand zuwenden?'
da würd ich denn freilich antworten: 'Spricht
dein Herz nicht ganz laut und vernehmlich: *der*
ist es, dann laß sie nur alle drei laufen.' Sonst aber
gefällt mir Reinhold sehr wohl, auch Friedrich,
auch Konrad, und dann hab ich gegen alle drei
auch manches einzuwenden. — Ja in der Tat,
liebe Rosa, wenn ich die jungen Gesellen so tapfer
arbeiten sehe, gedenke ich immer meines lieben
armen Valentins, und da muß ich doch sagen, so
wenig er vielleicht noch bessere Arbeit schaffen
mochte, so war doch in allem, was er förderte,

solch ein ganz anderer Schwung, eine andere
Manier. Man merkte, daß er bei dem Dinge war
mit ganzer Seele, aber bei den jungen Gesellen ist
es mir immer, als täten sie nur so und hätten ganz
andere Sachen im Kopfe als ihre Arbeit, ja, als sei
diese nur eine Bürde, die sie freiwillig sich
aufgelastet und nun mit wackerem Mute trügen.
Mit Friedrich kann ich mich nun am besten
vertragen, das ist ein gar treues, herziges Gemüt.
Es ist, als gehöre der am mehrsten zu uns, ich
verstehe alles, was er spricht, und daß er Euch so
still, mit aller Schüchternheit eines frommen
Kindes liebt, daß er kaum wagt, Euch anzublicken,
daß er errötet, sowie Ihr ein Wort mit ihm redet,
das ist's, was ich so sehr an dem lieben Jungen
rühme." Es war, als trete eine Träne in Rosas
Auge, als Frau Marthe dies sagte. Sie stand auf
und sprach, zum Fenster gewendet: "Friedrich ist
mir auch recht lieb, aber daß du mir ja nicht den
Reinhold verachtest." "Wie könnte ich denn das?"
erwiderte Frau Marthe, "Reinhold ist nun offen-
bar der Schönste von allen. Was für Augen! Nein,
wenn er einen so durch und durch blitzt mit den
leuchtenden Blicken, man kann es gar nicht
ertragen! — Aber dabei ist in seinem ganzen
Wesen so etwas Verwunderliches, das mir ordentlich Schauer erregt und mich von ihm zurück-
schreckt. Ich denke, Herrn Martin müßte, wenn
Reinhold in seiner Werkstatt arbeitet und er ihn
dieses, jenes fördern heißt, so zumute sein, wie mir
es sein würde, wenn jemand in meine Küche ein
von Gold und Edelsteinen funkelndes Gerät
hingestellt hätte, und das solle ich nun brauchen
wie gewöhnliches schlechtes Hausgerät, da ich
denn doch gar nicht wagen möchte, es nur
anzurühren. Er erzählt und spricht und spricht,
und das alles klingt wie süße Musik, und man
wird ganz hingerissen davon, aber wenn ich nun
ernstlich daran denke, was er gesprochen, so habe

48

ich am Ende kein Wörtlein davon verstanden. Und wenn er denn auch wohl einmal nach unserer Weise scherzt, und ich denke, nun ist er denn doch so wie wir, so sieht er mit einem Mal so vornehm darein, daß ich ordentlich erschrecke. Und dabei kann ich gar nicht sagen, daß sein Ansehn der Art gliche, wie mancher Junker, mancher Patrizier sich bläht, nein, es ist etwas ganz anderes. Mit einem Wort, es kommt mir, Gott weiß es, so vor, als habe er Umgang mit höheren Geistern, als gehöre er überhaupt einer andern Welt an. Konrad ist ein wilder, übermütiger Geselle und hat dabei in seinem ganzen Wesen auch ganz etwas verdammt Vornehmes, was zum Schurzfell nicht recht passen will. Und dabei tut er so, als wenn nur *er* allein zu gebieten hätte und die andern ihm gehorchen müßten. Hat er es doch in der kurzen Zeit seines Hierseins dahin gebracht, daß Meister Martin, von Konrads schallender Stimme angedonnert, sich seinem Willen fügt. Aber dabei ist Konrad wieder so gutmütig und grundehrlich, daß man ihm gar nicht gram werden kann. Vielmehr muß ich sagen, daß er mir trotz seiner Wildheit beinahe lieber ist als Reinhold, denn zwar spricht er auch oft gewaltig hoch, aber man versteht's doch recht gut. Ich wette, *der* ist einmal, mag er sich auch stellen, wie er will, ein Kriegsmann gewesen. Deshalb versteht er sich noch so gut auf die Waffen und hat sogar was vom Ritterwesen angenommen, das ihm gar nicht übel steht. — Nun sagt mir nur ganz unverhohlen, liebe Rosa, wer von den drei Gesellen *Euch* am besten gefällt?" "Fragt," erwiderte Rosa, "fragt mich nicht so verfänglich, liebe Frau Marthe. Doch so viel ist gewiss, daß es mir mit Reinhold gar nicht so geht, wie Euch. Zwar ist es richtig, daß er ganz anderer Art ist, als seinesgleichen, daß mir bei seinen Gesprächen zumute wird, als tue sich mir plötzlich ein schöner Garten auf voll

herrlicher, glänzender Blumen, Blüten und
Früchte, wie sie auf Erden gar nicht zu finden, aber
ich schaue gern hinein. Seit Reinhold hier ist,
kommen mir auch manche Dinge ganz anders vor,
und manches, was sonst trübe und gestaltlos in
meiner Seele lag, ist nun so hell und klar geworden,
daß ich es ganz deutlich zu erkennen vermag."
Frau Marthe stand auf, und im Davongehen Rosen
mit dem Finger drohend, sprach sie: "Ei, ei, Rosa,
also wird wohl Reinhold dein Auserwählter sein.
Das hatte ich nicht vermutet, nicht geahnt!" "Ich
bitte Euch," erwiderte Rosa, sie zur Türe
geleitend, "ich bitte Euch, liebe Frau Marthe,
vermutet, ahnet gar nichts, sondern überlasset alles
den kommenden Tagen. Was *die* bringen, ist
Fügung des Himmels, der sich jeder schicken
muß in Frömmigkeit und Demut." — In Meister
Martins Werkstatt war es indessen sehr lebhaft
worden. Um alles Bestellte fördern zu können,
hatte er noch Handlanger und Lehrburschen
angenommen, und nun wurde gehämmert und
gepocht, daß man es weit und breit hören konnte.
Reinhold war mit der Messung des großen Faßes,
das für den Bischof von Bamberg gebaut werden
sollte, fertig worden und hatte es mit Friedrich
und Konrad so geschickt aufgesetzt, daß dem
Meister Martin das Herz im Leibe lachte und er
ein Mal über das andere rief: "Das nenn ich mir
ein Stück Arbeit, das wird ein Fäßlein, wie ich
noch keines gefertigt, mein Meisterstück aus-
genommen." — Da standen nun die drei Gesellen
und trieben die Bände auf die gefügten Dauben,
daß alles vom lauten Getöse der Schlegel wider-
hallte. Der alte Valentin schabte emsig mit dem
Krummesser, und Frau Marthe, die beiden
kleinsten Kinder auf dem Schoße, saß dicht hinter
Konrad, während die andern muntern Buben
schreiend und lärmend sich mit den Reifen
herumtummelten und jagten. Das gab eine lustige

Wirtschaft, so daß man kaum den alten Herrn
Johannes Holzschuer bemerkte, der zur Werkstatt
hineintrat. Meister Martin schritt ihm entegen
und fragte höflich nach seinem Begehren. "Ei,"
erwiderte Holzschuer, "ich wollte einmal meinen
lieben Friedrich wiederschauen, der dort so wacker
arbeitet. Aber dann, lieber Meister Martin, tut in
meinem Weinkeller ein tüchtiges Faß not, um
dessen Fertigung ich Euch bitten wollte. — Seht
nur, dort wird ja eben solch ein Faß errichtet, wie
ich es brauche, das könnt Ihr mir ja überlassen,
Ihr dürft mir nur den Preis sagen." Reinhold,
der ermüdet einige Minuten in der Werkstatt
geruht hatte und nun wieder zum Gerüst herauf-
steigen wollte, hörte Holzschuers Worte und
sprach, den Kopf nach ihm wendend: "Ei, lieber
Herr Holzschuer, die Lust nach unserm Fäßlein
laßt Euch nur vergehen, *das* arbeiten wir für den
hochwürdigen Herrn Bischof von Bamberg!" —
Meister Martin, die Arme über den Rücken
zusammengeschlagen, den linken Fuß vorgesetzt,
den Kopf in den Nacken geworfen, blinzelte nach
dem Faß hin und sprach dann mit stolzem Ton:
"Mein lieber Meister, schon an dem ausgesuchten
Holz, an der Sauberkeit der Arbeit hättet Ihr
bemerken können, daß solch ein Meisterstück nur
dem fürstlichen Keller ziemt. Mein Geselle
Reinhold hat richtig gesprochen, nach solchem
Werk laßt Euch die Lust vergehn, wenn die
Weinlese vorüber, werd ich Euch ein tüchtiges,
schlichtes Fäßlein fertigen lassen, wie es sich für
Euern Keller schickt." Der alte Holzschuer,
aufgebracht über Meister Martins Stolz, meinte
dagegen, daß seine Goldstücke gerade so viel
wögen, als die des Bischofs von Bamberg, und daß
er anderswo auch wohl für sein bares Geld gute
Arbeit zu bekommen hoffe. Meister Martin,
überwallt von Zorn, hielt mühsam an sich, er
durfte den alten, vom Rat, von allen Bürgern

hochverehrten Herrn Holzschuer wohl nicht beleidigen. Aber in dem Augenblick schlug Konrad immer gewaltiger mit dem Schlegel zu, daß alles dröhnte und krachte, da sprudelte Meister Martin den innern Zorn aus und schrie mit heftiger Stimme: "Konrad — du Tölpel, was schlägst du so blind und toll zu, willst du mir das Faß zerschlagen?" "Ho, ho," rief Konrad, indem er mit trotzigem Blick sich umschaute nach dem Meister; "ho, ho, du komisches Meisterlein, warum denn nicht?" Und damit schlug er so entsetzlich auf das Faß los, daß klirrend der stärkste Band des Faßes sprang und den Reinhold hinabwarf vom schmalen Brette des Gerüstes, während man am hohlen Nachklange wohl vernahm, daß auch eine Daube gesprungen sein müßte. Übermannt von Zorn und Wut, sprang Meister Martin hinzu, riß dem Valentin den Stab, an dem er schabte, aus der Hand und versetzte, laut schreiend: "Verfluchter Hund!" dem Konrad einen tüchtigen Schlag über den Rücken. Sowie Konrad den Schlag fühlte, drehte er sich rasch um und stand da einen Augenblick wie sinnlos, dann aber flammten die Augen vor wilder Wut, er knirschte mit den Zähnen, er heulte: "Geschlagen?" Dann war er mit einem Sprunge herab vom Gerüst, hatte schnell das auf dem Boden liegende Lenkbeil ergriffen und führte einen gewaltigen Schlag gegen den Meister, der ihm den Kopf gespalten haben würde, hätte Friedrich nicht den Meister beiseite gerissen, so daß das Beil nur den Arm streifte, aus dem aber das Blut sogleich hinausströmte. Martin, dick und unbeholfen, wie er war, verlor das Gleichgewicht und stürzte über die Fügbank, wo eben der Lehrbursche arbeitete, nieder zur Erde. Alles warf sich nun dem wütenden Konrad entgegen, der das blutige Lenkbeil in den Lüften schwang und mit entsetzlicher Stimme heulte und kreischte: "Zur

52

Hölle muß er fahren — zur Hölle!" Mit Riesen-
kraft schleuderte er alle von sich, er holte aus zum
zweiten Schlage, der ohne Zweifel dem armen
Meister, der auf dem Boden keuchte und stöhnte,
das Garaus gemacht haben würde, da erschien
aber, vor Schrecken bleich wie der Tod, Rosa in
der Türe der Werkstatt. Sowie Konrad Rosa
gewahrte, blieb er mit dem hochgeschwungenen
Beil stehen, wie zur toten Bildsäule erstarrt. Dann
warf en das Beil weit von sich, schlug die beiden
Hände zusammen vor der Brust, rief mit einer
Stimme, die jedem durch das Innerste drang: "O
du gerechter Gott im Himmel, was habe ich denn
getan!" und stürzte aus der Werkstatt heraus ins
Freie. Niemand gedachte ihn zu verfolgen.

Nun wurde der arme Meister Martin mit vieler
Mühe aufgerichtet, es fand sich indessen gleich,
daß das Beil nur ins dicke Fleisch des Arms
gedrungen und die Wunde durchaus nicht
bedeutend zu nennen war. Den alten Herrn
Holzschuer, den Martin im Fall niedergerissen,
zog man nun auch unter den Holzspänen hervor
und beruhigte so viel als möglich der Frau Marthe
Kinder, die unaufhörlich um den guten Vater
Martin schrien und heulten. *Der* war ganz
verblüfft und meinte, hätte der Teufel von bösem
Gesellen nur nicht das schöne Faß verdorben, aus
der Wunde mache er sich nicht so viel.

Man brachte Tragsessel herbei für die alten
Herren, denn auch Holzschuer hatte sich im Fall
ziemlich zerschlagen. Er schmälte auf ein Handwerk, dem solche Mordinstrumente zu Gebote
ständen, und beschwor Friedrich, je eher desto
lieber sich wieder zu der schönen Bildgießerei, zu
den edlen Metallen zu wenden.

Friedrich und mit ihm Reinhold, den der Reif
hart getroffen und der sich an allen Gliedern wie
gelähmt fühlte, schlichen, als schon tiefe Dämmerung den Himmel umzog, unmutig nach der

Stadt zurück. Da hörten sie hinter einer Hecke ein leises Ächzen und Seufzen. Sie blieben stehen, und es erhob sich alsbald eine lange Gestalt vom Boden, die sie augenblicklich für Konrad erkannten und scheu zurückprallten. "Ach, ihr lieben Gesellen," rief Konrad mit weinerlicher Stimme, "entsetzet euch doch nur nicht so sehr vor mir! — Ihr haltet mich für einen teuflischen Mordhund!— Ach, ich bin es ja nicht, ich bin es ja nicht — ich konnte nicht anders! ich *mußte* den dicken Meister totschlagen, eigentlich müßt ich mit euch gehen und es *noch* tun, wie es nur möglich wäre! — Aber nein — nein, es ist alles aus, ihr seht mich nicht wieder! — Grüßt die holde Rosa, die ich so über die Maßen liebe! — Sagt ihr, daß ich ihre Blumen zeitlebens auf dem Herzen tragen, mich damit schmücken werde, wenn ich — doch sie wird vielleicht künftig von mir hören! — Lebt wohl, lebt wohl, ihr, meine lieben, wackeren Gesellen!" —Damit rannte Konrad unaufhaltsam fort über das Feld.

Reinhold sprach: "Es ist was Besonderes mit diesem Jüngling, wir können seine Tat gar nicht abwägen oder abmessen nach gewöhnlichem Maßstab. Vielleicht erschließt sich künftig das Geheimnis, das auf seiner Brust lastete."

Reinhold verlässt Meister Martins Haus

So lustig es sonst in Meister Martins Werkstatt herging, so traurig war es jetzt geworden. Reinhold, zur Arbeit unfähig, blieb in seiner Kammer eingeschlossen; Martin, den wunden Arm in der Binde, schimpfte und schmälte unaufhörlich auf den Ungeschick des bösen fremden Gesellen. Rosa, selbst Frau Marthe mit ihren Knaben scheuten den Tummelplatz des tollen Beginnens, und so tönte dumpf und hohl, wie im einsamen

Walde zur Winterszeit der Holzschlag, Friedrichs
Arbeit, der nun das große Faß allein mühsam
genug fördern mußte.

Tiefe Traurigkeit erfüllte bald Friedrichs
ganzes Gemüt, denn nun glaubte er deutlich zu
gewahren, was er längst gefürchtet. Er trug
keinen Zweifel, daß Rosa Reinhold liebe. Nicht
allein, daß alle Freundlichkeit, manches süße Wort
schon sonst Reinhold allein zugewendet wurde, so
war es jetzt ja schon Beweises genug, daß Rosa,
da Reinhold nicht hinauskonnte zur Werkstatt,
ebenfalls nicht mehr daran dachte, herauszugehen,
und lieber im Hause blieb, wohl gar um den
Geliebten recht sorglich zu hegen und zu pflegen.
Sonntags, als alles lustig hinauszog, als Meister
Martin, von seiner Wunde ziemlich genesen, ihn
einlud, mit ihm und Rosa nach der Allerwiese zu
wandern, da lief er, die Einladung ablehnend, ganz
vernichtet von Schmerz und banger Liebesnot,
einsam heraus nach dem Dorfe, nach dem Hügel,
wo er zuerst mit Reinhold zusammengetroffen. Er
warf sich nieder in das hohe, blumichte Gras, und
als er gedachte, wie der schöne Hoffnungsstern,
der ihm vorgeleuchtet auf seinem ganzen Wege
nach der Heimat, nun am Ziel plötzlich in tiefer
Nacht verschwunden, wie nun sein ganzes Beginnen dem trostlosen Mühen des Träumers gleiche,
der die sehnsüchtigen Arme ausstrecke nach leeren
Luftgebilden, da stürzten ihm die Tränen aus den
Augen und herab auf die Blumen, die ihre kleinen
Häupter neigten, wie klagend um des jungen
Gesellen herbes Leid. Selbst wußte Friedrich
nicht, wie es geschah, daß die tiefen Seufzer, die
der gedrückten Brust entquollen, zu Worten, zu
Tönen wurden. Er sang folgendes Lied:

> "Wo bist du hin,
> Mein Hoffnungsstern?
> Ach, mir so fern,

Bist mit süßem Prangen
Andern aufgegangen!
Erhebt euch, rauschende Abendwinde,
Schlagt an die Brust,
Weckt alle tötende Lust,
Allen Todesschmerz,
Daß das Herz,
Getränkt von blutgen Tränen,
Brech in trostlosem Sehnen.
Was lispelt ihr so linde,
So traulich, ihr dunklen Bäume?
Was blickt ihr goldne Himmelssäume
So freundlich hinab?
Zeigt mir mein Grab!
Das ist mein Hoffnungshafen,
Werd unten ruhig schlafen."

Wie es sich denn wohl begibt, daß die tiefste Traurigkeit, findet sie nur Tränen und Worte, sich auflöst in mildes schmerzliches Weh, ja, daß dann wohl ein linder Hoffnungsschimmer durch die Seele leuchtet, so fühlte sich auch Friedrich, als er das Lied gesungen, wunderbar gestärkt und aufgerichtet. Die Abendwinde, die dunklen Bäume, die er im Liede angerufen, rauschten und lispelten wie mit tröstenden Stimmen, und wie süße Träume von ferner Herrlichkeit, von fernem Glück, zogen goldne Streifen herauf am düstern Himmel. Friedrich erhob sich und stieg den Hügel herab nach dem Dorfe zu. Da war es, als schritte Reinhold wie damals, als er ihn zuerst gefunden, neben ihm her. Alle Worte, die Reinhold gesprochen, kamen ihm wieder in den Sinn. Als er nun aber der Erzählung Reinholds von dem Wettkampf der beiden befreundeten Maler gedachte, da fiel es ihm wie Schuppen von den Augen. Es war ja ganz gewiß, daß Reinhold Rosa schon früher gesehen und geliebt haben mußte. Nur diese Liebe trieb ihn

56

nach Nürnberg in Meister Martins Haus, und mit dem Wettstreit der beiden Maler meinte er nichts anderes, als beider, Reinholds und Friedrichs, Bewerbung um die schöne Rosa. — Friedrich hörte aufs neue die Worte, die Reinhold damals sprach: "Wacker, ohne allen tückischen Hinterhalt um gleichen Preis ringen, muß wahre Freunde recht aus der Tiefe des Herzens einigen, statt sie zu entzweien, in edlen Gemütern kann niemals kleinlicher Neid, hämischer Haß stattfinden." — "Ja," rief Friedrich laut, "ja, du Herzensfreund, an dich selbst will ich mich wenden ohne allen Rückhalt, du selbst sollst mir es sagen, ob jede Hoffnung für mich verschwunden ist." — Es war schon hoher Morgen, als Friedrich an Reinholds Kammer klopfte. Da alles still drinnen blieb, drückte er die Tür, die nicht wie sonst verschlossen war, auf und trat hinein. Aber in demselben Augenblick erstarrte er auch zur Bildsäule. Rosa, in vollem Glanz aller Anmut, alles Liebreizes, ein herrliches lebensgroßes Bild, stand vor ihm aufgerichtet auf der Staffelei, wunderbar beleuchtet von den Strahlen der Morgensonne. Der auf den Tisch geworfene Malerstock, die nassen Farben auf der Palette zeigten, daß eben an dem Bilde gemalt worden. "O Rosa — Rosa — o du Herr des Himmels", seufzte Friedrich, da klopfte ihm Reinhold, der hinter ihm hineingetreten, auf die Schultern und fragte lächelnd: "Nun, Friedrich, was sagst du zu meinem Bilde?" Da drückte ihn Friedrich an seine Brust und rief: "O du herrlicher Mensch — du hoher Künstler! Ja, nun ist mir alles klar! *Du*, *du* hast den Preis gewonnen, um den zu ringen ich Ärmster keck genug war! — Was bin ich denn gegen dich, was ist meine Kunst gegen die deinige? — Ach, ich trug auch wohl manches im Sinn! — Lache mich nur nicht aus, lieber Reinhold! — Sieh, ich dachte, wie herrlich müßt es

57

sein, Rosas liebliche Gestalt zu formen und zu gießen im feinsten Silber, aber das ist ja ein kindisches Beginnen, doch du! — du! — Wie sie so hold, so in süßem Prangen aller Schönheit dich anlächelt! — Ach, Reinhold — Reinhold, du überglücklicher Mensch! — Ja, wie du damals es aussprachst, so begibt es sich nun wirklich! Wir haben beide gerungen, du hast gesiegt, du mußtest siegen, aber ich bleibe dein mit ganzer Seele. Doch verlassen muß ich das Haus, die Heimat, ich kann es ja nicht ertragen, ich müßte ja vergehen, wenn ich nun Rosa wiedersehen sollte. Verzeih das mir, mein lieber, lieber hochherrlicher Freund. Noch heute — in diesem Augenblick fliehe ich fort — fort in die weite Welt, wohin mein Liebesgram, mein trostloses Elend mich treibt!" — Damit wollte Friedrich zur Stube hinaus, aber Reinhold hielt ihn fest, indem er sanft sprach: "Du sollst nicht von hinnen, denn ganz anders, wie du meinst, kann sich alles noch fügen. Es ist nun an der Zeit, daß ich dir alles sage, was ich bis jetzt verschwieg. Daß ich kein Küper, sondern ein Maler bin, wirst du nun wohl wissen und, wie ich hoffe, an dem Bilde gewahren, daß ich mich nicht zu den geringen Künstlern rechnen darf. In früher Jugend bin ich nach Italien gezogen, dem Lande der Kunst, dort gelang es mir, daß hohe Meister sich meiner annahmen und den Funken, der in mir glühte, nährten mit lebendigem Feuer. So kam es, daß ich mich bald aufschwang, daß meine Bilder berühmt wurden in ganz Italien und der mächtige Herzog von Florenz mich an seinen Hof zog. Damals wollte ich nichts wissen von deutscher Kunst und schwatzte, ohne eure Bilder gesehen zu haben, viel von der Trockenheit, von der schlechten Zeichnung, von der Härte eurer Dürer, eurer Cranache. Da brachte aber einst ein Bilderhändler ein Madonnenbildchen von dem alten Albrecht in die Galerie des Herzogs, welches auf wunderbare Weise mein Innerstes durchdrang, so daß ich meinen Sinn ganz abwandte von der Üppigkeit der italienischen Bilder und zur Stunde beschloß, in dem heimatlichen Deutschland selbst die Meisterwerke zu schauen, auf die nun mein ganzes Trachten ging. Ich kam hieher nach Nürnberg, und als ich Rosa erblickte, war es mir, als wandle jene Maria, die so wunderbar in mein Inneres geleuchtet, leibhaftig auf Erden. Mir ging es so wie dir, lieber Friedrich, mein ganzes Wesen loderte auf in hellen Liebesflammen. Nur Rosa schauen, dachte ich, alles übrige war aus meinem Sinn verschwunden und selbst die Kunst mir nur deshalb was wert, weil ich hundertmal immer wieder und wieder Rosa zeichnen, malen konnte. Ich gedachte mich der Jungfrau zu nahen nach kecker italischer Weise, all mein Mühen deshalb blieb aber vergebens. Es gab kein Mittel, sich in Meister Martins Hause bekannt zu machen auf unverfängliche Weise. Ich gedachte endlich geradezu mich um Rosa als Freier zu bewerben, da vernahm ich, daß Meister Martin beschlossen, seine Tochter nur einem tüchtigen Küpermeister zu geben. Da faßte ich den abenteuerlichen Entschluß, in Straßburg das Küperhandwerk zu erlernen und mich dann in Meister Martins Werkstatt zu begeben. Das übrige überließ ich der Fügung des Himmels. Wie ich meinen Entschluß ausgeführt, weißt du, aber erfahren mußt du noch, daß Meister Martin mir vor einigen Tagen gesagt hat, ich würde ein tüchtiger Küper werden und solle ihm als Eidam recht lieb und wert sein, denn er merke wohl, daß ich mich um Rosas Gunst bemühe und sie mich gern habe." "Kann es denn wohl anders sein," rief Friedrich in heftigem Schmerz, "ja, ja, *dein* wird Rosa werden, wie konnte auch ich Ärmster auf solch ein Glück nur hoffen." "Du vergissest," sprach Reinhold weiter, "du vergissest, mein

59

Bruder, daß Rosa selbst noch gar nicht das bestätigt hat, was der schlaue Meister Martin bemerkt haben will. Es ist wahr, daß Rosa sich bis jetzt gar anmutig und freundlich betrug, aber anders verrät sich ein liebend Herz! — Versprich mir, mein Bruder, dich noch drei Tage ruhig zu verhalten und in der Werkstatt zu arbeiten, wie sonst. Ich könnte nun schon auch wieder arbeiten, aber seit ich emsiger an diesem Bilde gemalt, ekelt mich das schnöde Handwerk da draußen unbeschreiblich an. Ich kann fürderhin keinen Schlegel mehr in die Faust nehmen, mag es auch nun kommen, wie es will. Am dritten Tage will ich dir offen sagen, wie es mit mir und Rosa steht. Sollte ich wirklich der Glückliche sein, dem Rosa in Liebe sich zugewandt, so magst du fortziehen und erfahren, daß die Zeit auch die tiefsten Wunden heilt!" — Friedrich versprach, sein Schicksal abzuwarten.

Am dritten Tage (sorglich hatte Friedrich Rosas Anblick vermieden) bebte ihm das Herz vor Furcht und banger Erwartung. Er schlich wie träumend in der Werkstatt umher, und wohl mochte sein Ungeschick dem Meister Martin gerechten Anlaß geben, mürrisch zu schelten, wie es sonst gar nicht seine Art war. Überhaupt schien dem Meister etwas begegnet zu sein, das ihm alle Lust benommen. Er sprach viel von schnöder List und Undankbarkeit, ohne sich deutlicher zu erklären, was er damit meine. Als es endlich Abend geworden und Friedrich zurückging nach der Stadt, kam ihm unfern des Tors ein Reiter entgegen, den er für Reinhold erkannte. Sowie Reinhold Friedrich ansichtig wurde, rief er: "Ha, da treffe ich dich ja, wie ich wollte." Darauf sprang er vom Pferde herab, schlang die Zügel um den Arm und faßte den Freund bei der Hand. "Laß uns," sprach er, "laß uns eine Strecke miteinander fortwandeln. Nun kann ich dir sagen,

wie es mit meiner Liebe sich gewandt hat."
Friedrich bemerkte, daß Reinhold dieselben
Kleider, die er beim ersten Zusammentreffen trug,
angelegt und das Pferd mit einem Mantelsack
bepackt hatte. Er sah blaß und verstört aus.
"Glück auf," rief Reinhold etwas wild, "Glück
auf, Bruderherz, du kannst nun tüchtig loshäm-
mern auf deine Fässer, ich räume dir den Platz,
eben hab ich Abschied genommen von der schönen
Rosa und dem würdigen Meister Martin." "Wie,"
sprach Friedrich, dem es durch alle Glieder fuhr
wie ein elektrischer Strahl, "wie, du willst fort,
da Martin dich zum Eidam haben will und Rosa
dich liebt?" — "Das, lieber Bruder," erwiderte
Reinhold, "hat dir deine Eifersucht nur vorge-
blendet. Es liegt nun am Tage, daß Rosa mich
genommen hätte zum Mann aus lauter Frömmigkeit und Gehorsam, aber kein Funken von
Liebe glüht in ihrem eiskalten Herzen. Ha, ha! —
ich hätte ein tüchtiger Küper werden können.
Wochentags mit den Jungen Bände geschabt und
Dauben behobelt, Sonntags mit der ehrbaren
Hausfrau nach St. Katharina oder St. Sebald und
abends auf die Allerwiese gewandelt, jahraus,
jahrein." — "Spotte nicht," unterbrach Friedrich
den laut auflachenden Reinhold, "spotte nicht
über das einfache, harmlose Leben des tüchtigen
Bürgers. Liebt dich Rosa wirklich nicht, so ist es
ja nicht ihre Schuld, du bist aber so zornig, so
wild." — "Du hast recht," sprach Reinhold, "es
ist auch nur meine dumme Art, daß ich, fühle ich
mich verletzt, lärme wie ein verzogenes Kind. Du
kannst denken, daß ich mit Rosa von meiner Liebe
und von dem guten Willen des Vaters sprach. Da
stürzten ihr die Tränen aus den Augen, ihre Hand
zitterte in der meinigen. Mit abgewandtem
Gesicht lispelte sie: 'Ich muß mich ja in des Vaters
Willen fügen!' Ich hatte genug. — Mein selt-
samer Ärger muß dich, lieber Friedrich, recht in

61

mein Inneres blicken lassen, du mußt gewahren,
daß das Ringen nach Rosas Besitz eine Täuschung
war, die mein irrer Sinn sich bereitet. Als ich Rosas
Bild vollendet, ward es in meinem Innern ruhig,
und oft war freilich auf ganz verwunderliche Art
mir so zumute, als sei Rosa nun das Bild, das Bild
aber die wirkliche Rosa geworden. Das schnöde
Handwerk wurde mir abscheulich, und wie mir
das gemeine Leben so recht auf den Hals trat mit
Meisterwerden und Heirat, da kam es mir vor, als
solle ich ins Gefängnis gesperrt und an dem Block
festgekettet werden. Wie kann auch nur das Himmelskind, wie ich es im Herzen trage, mein Weib
werden? Nein! In ewiger Jugend, Anmut und
Schönheit soll sie in Meisterwerken prangen, die
mein reger Geist schaffen wird. Ha, wie sehne ich
mich darnach! Wie konnt ich auch nur der
göttlichen Kunst abtrünnig werden! — Bald werd
ich mich wieder baden in deinen glühenden
Düften, herrliches Land, du Heimat aller Kunst!"
— Die Freunde waren an den Ort gekommen, wo
der Weg, den Reinhold zu nehmen gedachte, links
sich abschied. "Hier wollen wir uns trennen,"
rief Reinhold, drückte Friedrich heftig und lange
an seine Brust, schwang sich aufs Pferd und jagte
davon. Sprachlos starrte ihm Friedrich nach und
schlich dann, von den seltsamsten Gefühlen
bestürmt, nach Hause.

WIE FRIEDRICH VOM MEISTER MARTIN
AUS DER WERKSTATT FORTGEJAGT WURDE

Andern Tages arbeitete Meister Martin in mürri-
schem Stillschweigen an dem großen Fasse für
den Bischof von Bamberg, und auch Friedrich,
der nun erst Reinholds Scheiden recht bitter
fühlte, vermochte kein Wort, viel weniger ein Lied
herauszubringen. Endlich warf Martin den
Schlegel beiseite, schlug die Arme übereinander

und sprach mit gesenkter Stimme: "Der Reinhold ist nun auch fort — es war ein vornehmer Maler und hat mich zum Narren gehalten mit seiner Küperei. — Hätt ich das nur ahnen können, als er mit dir in mein Haus kam und so anstellig tat, wie hätte ich ihm die Tür weisen wollen. Solch ein offenes, ehrliches Gesicht und voll Lug und Trug im Innern! — Nun, er ist fort, und nun wirst du mit Treue und Redlichkeit an mir und am Handwerk halten. Wer weiß, auf welche Weise du mir noch näher trittst. Wenn du ein tüchtiger Meister geworden und Rosa dich mag — nun, du verstehst mich und darfst dich mühen um Rosas Gunst." — Damit nahm er den Schlegel wieder zur Hand und arbeitete emsig weiter. Selbst wußte Friedrich nicht, wie es kam, daß Martins Worte seine Brust zerschnitten, daß eine seltsame Angst in ihm aufstieg und jeden Hoffnungsschimmer verdüsterte. Rosa erschien nach langer Zeit zum erstenmal wieder in der Werkstatt, aber tief in sich gekehrt und, wie Friedrich zu seinem Gram bemerkte, mit rotverweinten Augen. "Sie hat um ihn geweint, sie liebt ihn doch wohl," so sprach es in seinem Innern, und er vermochte nicht den Blick aufzuheben zu der, die er so unaussprechlich liebte.

Das große Faß war fertig geworden, und nun erst wurde Meister Martin, als er das wohlgelungene Stück Arbeit betrachtete, wieder lustig und guter Dinge. "Ja, mein Sohn," sprach er, indem er Friedrich auf die Schulter klopfte, "ja, mein Sohn, es bleibt dabei, gelingt es dir, Rosas Gunst zu erwerben, und fertigst du ein tüchtiges Meisterstück, so wirst du mein Eidam. Und zur edlen Zunft der Meistersinger kannst du dann auch treten und dir große Ehre gewinnen."

Meister Martins Arbeit häufte sich nun über alle Maßen, so daß er zwei Gesellen annehmen mußte, tüchtige Arbeier, aber rohe Bursche, ganz

63

entartet auf langer Wanderschaft. Statt manches
anmutig lustigen Gesprächs hörte man jetzt in
Meister Martins Werkstatt gemeine Späße, statt
der lieblichen Gesänge Reinholds und Friedrichs
häßliche Zotenlieder. Rosa vermied die Werkstatt,
so daß Friedrich sie nur selten und flüchtig sah.
Wenn er dann in trüber Sehnsucht sie anschaute,
wenn er seufzte: "Ach, liebe Rosa, wenn ich doch
nur wieder mit Euch reden könnte, wenn Ihr
wieder wieder so freundlich wäret, als zu der Zeit, da
Reinhold noch bei uns war", da schlug sie
verschämt die Augen nieder und lispelte: "Habt
Ihr mir denn was zu sagen, lieber Friedrich?" —
Starr, keines Wortes mächtig, stand Friedrich
dann da, und der schöne Augenblick war schnell
entflohn wie ein Blitz, der aufleuchtet im Abendrot
und verschwindet, als man ihn kaum gewahrt.

Meister Martin bestand nun darauf, daß
Friedrich sein Meisterstück beginnen sollte. Er
hatte selbst das schönste, reinste Eichenholz, ohne
die mindesten Adern und Streifen, das schon über
fünf Jahre im Holzvorrat gelegen, ausgesucht, und
niemand sollte Friedrich bei der Arbeit zur Hand
gehen, als der alte Valentin. War indessen dem
armen Friedrich durch die Schuld der rohen
Gesellen das Handwerk immer mehr und mehr
verleidet worden, so schnürte es ihm jetzt die
Kehle zu, wenn er daran dachte, daß nun das
Meisterstück auf immer über sein Leben ent-
scheiden solle. Jene seltsame Angst, die in ihm
aufstieg, als Meister Martin seine treue Anhäng-
lichkeit an das Handwerk rühmte, gestaltete sich
nun auf furchtbare Weise immer deutlicher und
deutlicher. Er wußte es nun, daß er untergehen
werde in Schmach bei einem Handwerk, das
seinem von der Kunst ganz erfüllten Gemüt von
Grund aus widerstrebte. Reinhold, Rosas
Gemälde kam ihm nicht aus dem Sinn. Aber
seine Kunst erschien ihm auch wieder in voller

64

Glorie. Oft wenn das zerreißende Gefühl seines
erbärmlichen Treibens ihn während der Arbeit
übermannen wollte, rannte er, Krankheit vorschüt-
zend, fort und hin nach St. Sebald. Da betrachtete
er stundenlang Peter Vischers wundervolles
Monument und rief dann wie verzückt: "O Gott
im Himmel, solch ein Werk zu denken — auszu-
führen, gibt es denn auf Erden Herrlicheres noch?"
Und wenn er nun zurückkehren mußte zu seinen
Dauben und Bänden und daran dachte, daß nur
so Rosa zu erwerben, dann war es, als griffen
glühende Krallen hinein in sein blutendes Herz
und er müsse trostlos vergehen in der ungeheuren
Qual. In Träumen kam oft Reinhold und brachte
ihm seltsame Zeichnungen zu künstlicher Bilderei-
arbeit, in der Rosas Gestalt auf wunderbare
Weise, bald als Blume, bald als Engel mit Flügelein
verflochten war. Aber es fehlte was daran, und er
erschaute, daß Reinhold in Rosas Gestaltung das
Herz vergessen, welches *er* nun hinzuzeichnete.
Dann war es, als rührten sich alle Blumen und
Blätter des Werks, singend und süße Düfte aus-
hauchend, und die edlen Metalle zeigten ihm in
funkelndem Spiegel Rosas Bildnis; als strecke er
die Arme sehnsüchtig aus nach der Geliebten, als
verschwände das Bildnis, wie in düsterem Nebel,
und sie selbst, die holde Rosa, drückte ihn voll
seligen Verlangens an die liebende Brust. —
Tötender und tötender wurde sein Zustand bei
der heillosen Böttcherarbeit, da suchte er Trost
und Hilfe bei seinem alten Meister Johannes
Holzschuer. Der erlaubte, daß Friedrich in seiner
Werkstatt ein Werklein beginnen durfte, das er
erdacht und wozu er seit langer Zeit den Lohn des
Meisters Martin erspart hatte, um das dazu
nötige Silber und Gold anschaffen zu können. So
geschah es, daß Friedrich, dessen totenbleiches
Gesicht das Vorgeben, wie er von einer zehrenden
Krankheit befallen, glaublich machte, beinahe gar

nicht in der Werkstatt arbeitete und Monate vergingen, ohne daß er sein Meisterstück, das große zweifudrige Faß, nur im mindesten förderte. Meister Martin setzte ihm hart zu, daß er doch wenigstens so viel, als es seine Kräfte erlauben wollten, arbeiten möge, und Friedrich war freilich gezwungen, wieder einmal an den verhaßten Haublock zu gehen und das Lenkbeil zur Hand zu nehmen. Indem er arbeitete, trat Meister Martin hinzu und betrachtete die bearbeiteten Stäbe, da wurde er aber ganz rot im Gesicht und rief: "Was ist das? — Friedrich, welche Arbeit! Hat die Stäbe ein Geselle gelenkt, der Meister werden will, oder ein einfältiger Lehrbursche, der vor drei Tagen in die Werkstatt hineingerochen? — Friedrich, besinne dich, welch ein Teufel ist in dich gefahren und hudelt dich? — Mein schönes Eichenholz, das Meisterstück! Ei, du ungeschickter, unbesonnener Bursche." Überwältigt von allen Qualen der Hölle, die in ihm brannten, konnte Friedrich nicht länger an sich halten, er warf das Lenkbeil weit von sich und rief: "Meister! — Es ist nun alles aus — nein, und wenn es mir das Leben kostet, wenn ich vergehen soll in namenlosem Elend — ich kann nicht mehr — nicht mehr arbeiten im schnöden Handwerk, da es mich hinzieht zu meiner herrlichen Kunst mit unwiderstehlicher Gewalt. Ach, ich liebe Eure Rosa unaussprechlich, wie sonst keiner auf Erden es vermag — nur um ihretwillen habe ich ja hier die gehässige Arbeit getrieben — ich habe sie nun verloren, ich weiß es, ich werde auch bald dem Gram um sie erliegen, aber es ist nicht anders, ich kehre zurück zu meiner herrlichen Kunst, zu meinem würdigen alten Meister Johannes Holzschuer, den ich schändlich verlassen." Meister Martins Augen funkelten wie flammende Kerzen. Kaum der Worte mächtig vor Wut, stotterte er: "Was? — Auch du? — Lug und Trug? *mich*

66

hintergangen — schnödes Handwerk? — Küperei?
— Fort aus meinen Augen, schändlicher Bursche
— fort mit dir!'' — Und damit packte Meister
Martin den armen Friedrich bei den Schultern
und warf ihn zur Werkstatt hinaus. Das Hohnge-
lächter der rohen Gesellen und der Lehrburschen
folgte ihm nach. Nur der alte Valentin faltete die
Hände, sah gedankenvoll vor sich hin und sprach:
''Gemerkt hab ich wohl, daß der gute Gesell
Höheres im Sinn trug als unsre Fässer.'' Frau
Marthe weinte sehr, und ihre Buben schrien und
jammerten um Friedrich, der mit ihnen freundlich
gespielt und manches gute Stück Backwerk ihnen
zugetragen hatte.

BESCHLUSS

So zornig nun auch Meister Martin auf Reinhold und Friedrich sein mochte, gestehen mußte
er doch sich selbst, daß mit ihnen alle Freude,
alle Lust aus der Werkstatt gewichen. Von den
neuen Gesellen erfuhr er täglich nichts als
Ärgernis und Verdruß. Um jede Kleinigkeit
mußte er sich kümmern und hatte Mühe und
Not, daß nur die geringste Arbeit gefördert wurde
nach seinem Sinn. Ganz erdrückt von den Sorgen
des Tages, seufzte er dann oft: ''Ach Reinhold,
ach Friedrich, hättet ihr doch mich nicht so
schändlich hintergangen, wäret ihr doch nur tüchtige Küper geblieben!'' Es kam so weit, daß er
oft mit dem Gedanken kämpfte, alle Arbeit
gänzlich aufzugeben.

In solch düsterer Stimmung saß er einst am
Abend in seinem Hause, als Herr Jakobus Paumgartner und mit ihm Meister Johannes Holzschuer
ganz unvermutet eintraten. Er merkte wohl, daß
nun von Friedrich die Rede sein würde, und in
der Tat lenkte Herr Paumgartner sehr bald das
Gespräch auf ihn, und Meister Holzschuer fing

denn nun gleich an, den Jüngling auf alle nur mögliche Art zu preisen. Er meinte, gewiß sei es, daß bei solchem Fleiß, bei solchen Gaben Friedrich nicht allein ein trefflicher Goldschmied werden, sondern auch als herrlicher Bildgießer geradezu in Peter Vischers Fußstapfen treten müßte. Nun begann Herr Paumgartner heftig über das unwürdige Betragen zu schelten, das der arme Gesell von Meister Martin erlitten, und beide drangen darauf, daß, wenn Friedrich ein tüchtiger Goldschmied und Bildgießer geworden, er ihm Rosa, falls nämlich diese dem von Liebe ganz durchdrungenen Friedrich hold sei, zur Hausfrau geben solle. Meister Martin ließ beide ausreden, dann zog er sein Käpplein ab und sprach lächelnd: "Ihr lieben Herren, nehmt euch des Gesellen wacker an, der mich auf schändliche Weise hintergangen hat. Doch will ich ihm das verzeihen, verlangt indessen nicht, daß ich um seinetwillen meinen festen Entschluß ändere, mit Rosa ist es nun einmal ganz und gar nichts." In diesem Augenblick trat Rosa hinein, leichenblaß, mit verweinten Augen, und setzte schweigend Trinkgläser und Wein auf den Tisch. "Nun," begann Herr Holzschuer, "nun, so muß ich denn wohl dem armen Friedrich nachgeben, der seine Heimat verlassen will auf immer. Er hat ein schönes Stück Arbeit gemacht bei mir, das will er, wenn Ihr es, lieber Meister, erlaubt, Eurer Rosa verehren zum Gedächtnis, schaut es nur an." Damit holte Meister Holzschuer einen kleinen, überaus künstlich gearbeiteten silbernen Pokal hervor und reichte ihn dem Meister Martin hin, der, großer Freund von köstlicher Gerätschaft, ihn nahm und wohlgefällig von allen Seiten beäugelte. In der Tat konnte man auch kaum herrlichere Silberarbeit sehen, als eben dies kleine Gefäß. Zierliche Ranken von Weinblättern und Rosen schlangen sich ringsherum, und aus den Rosen, aus den

brechenden Knospen schauten liebliche Engel, so
wie inwendig auf dem vergoldeten Boden sich
anmutig liebkosende Engel graviert waren. Goß
man nun hellen Wein in den Pokal, so war es, als
tauchten die Engelein auf und nieder in lieblichem
Spiel. "Das Gerät", sprach Meister Martin, "ist
in der Tat gar zierlich gearbeitet, und ich will es
behalten, wenn Friedrich in guten Goldstücken
den zweifachen Wert von mir annimmt." Dies
sprechend, füllte Meister Martin den Pokal und
setzte ihn an den Mund. In demselben Augenblick
öffnete sich leise die Tür, und Friedrich, den
tötenden Schmerz ewiger Trennung von dem
Liebsten auf Erden im leichenblassen Antlitz, trat
in dieselbe. Sowie Rosa ihn gewahrte, schrie sie
laut auf mit schneidendem Ton: "O mein liebster
Friedrich!" und stürzte ihm halb entseelt an die
Brust. Meister Martin setzte den Pokal ab, und
als er Rosa in Friedrichs Armen erblickte, riß er
die Augen weit auf, als säh er Gespenster. Dann
nahm er sprachlos den Pokal wieder und schaute
hinein. Dann raffte er sich vom Stuhl in die Höhe
und rief mit starker Stimme: "Rosa — Rosa,
liebst du den Friedrich?" "Ach," lispelte Rosa,
"ach, ich kann es ja nicht länger verhehlen, ich
liebe ihn wie mein Leben, das Herz wollte mir ja
brechen, als Ihr ihn verstießet." "So umarme
deine Braut, Friedrich — ja, ja, deine Braut", rief
Meister Martin. Paumgartner und Holzschuer
schauten sich ganz verwirrt vor Erstaunen an, aber
Meister Martin sprach weiter, den Pokal in den
Händen: "O du Herr des Himmels ist denn nicht
alles so gekommen, wie die Alte es geweissagt?
'Ein glänzend Häuslein wird er bringen, würzge
Fluten treiben drin, blanke Englein gar lustig
singen — das Häuslein mit güldnem Prangen, der
hat's ins Haus getragen, den wirst du süß umfangen, darfst nicht den Vater fragen, ist dein
Bräutgam minniglich!' — O ich blöder Tor. —

Da ist das glänzende Häuslein, die Engel — der Bräutgam — hei, hei, ihr Herren, nun ist alles gut, alles gut, der Eidam ist gefunden!" —

Wessen Sinn jemals ein böser Traum verwirrte, daß er glaubte in tiefer schwarzer Grabesnacht zu liegen, und nun erwacht er plötzlich im hellen Frühling voll Duft, Sonnenglanz und Gesang, und die, die ihm die Liebste auf Erden, ist gekommen und hat ihn umschlungen, und er schaut in den Himmel ihres holden Antlitzes, wem das jemals geschah, der begreift es, wie Friedrich zumute war, der faßt seine überschwengliche Seligkeit. Keines Wortes mächtig, hielt er Rosa fest in seinen Armen, als wolle er sie nimmer lassen, bis sie sich sanft von ihm loswand und ihn hinführte zum Vater. Da rief er: "O mein lieber Meister, ist es denn auch wirklich so? Rosa gebt Ihr mir zur Hausfrau, und ich darf zurückkehren zu meiner Kunst?" — "Ja, ja," sprach Meister Martin, "glaube es doch nur, kann ich denn anders, da *du* die Weissagung der alten Großmutter erfüllt hast? — Dein Meisterstück bleibt nun liegen." Da lächelte Friedrich, ganz verklärt von Wonne, und sprach: "Nein, lieber Meister, ist es Euch recht, so vollende ich nun mit Lust und Mut mein tüchtiges Faß als meine letzte Küperarbeit und kehre dann zurück zum Schmelzofen." "O du mein guter, braver Sohn," rief Meister Martin, dem die Augen funkelten vor Freude, "ja, dein Meisterstück fertige, und dann gibt's Hochzeit."

Friedrich hielt redlich sein Wort, er vollendete das zweifudrige Faß, und alle Meister erklärten, ein schöneres Stück Arbeit sei nicht leicht gefertigt worden, worüber dann Meister Martin gar innig sich freute und überhaupt meinte, einen trefflicheren Eidam hätte ihm die Fügung des Himmels gar nicht zuführen können.

Der Hochzeitstag war endlich herangekommen,

70

Friedrichs Meisterfaß, mit edlem Wein gefüllt und mit Blumen bekränzt, stand auf dem Flur des Hauses aufgerichtet, die Meister des Gewerks, den Ratsherrn Jakobus Paumgartner an der Spitze, fanden sich ein mit ihren Hausfrauen, denen die Meister Goldschmiede folgten. Eben wollte sich der Zug nach der St. Sebalduskirche begeben, wo das Paar getraut werden sollte, als Trompetenschall auf der Straße erklang und vor Martins Hause Pferde wieherten und stampften. Meister Martin eilte an das Erkerfenster. Da hielt vor dem Hause Herr Heinrich von Spangenberg in glänzenden Festkleidern, und einige Schritte hinter ihm auf einem mutigen Rosse ein junger hochherrlicher Ritter, das funkelnde Schwert an der Seite, hohe bunte Federn auf dem mit strahlenden Steinen besetzten Barett. Neben dem Ritter erblickte Herr Martin eine wunderschöne Dame, ebenfalls herrlich gekleidet, auf einem Zelter, dessen Farbe frisch gefallner Schnee war. Pagen und Diener in bunten glänzenden Röcken bildeten einen Kreis ringsumher. Die Trompeten schwiegen, und der alte Herr von Spangenberg rief herauf: "Hei, hei, Meister Martin, nicht Eures Weinkellers, nicht Eurer Goldbatzen halber komme ich her, nur weil Rosas Hochzeit ist; wollt Ihr mich einlassen, lieber Meister?" — Meister Martin erinnerte sich wohl seiner Worte, schämte sich ein wenig und eilte herab, den Junker zu empfangen. Der alte Herr stieg vom Pferde und trat grüßend ins Haus. Pagen sprangen herbei, auf deren Armen die Dame herabglitt vom Pferde, der Ritter bot ihr die Hand und folgte dem alten Herrn. Aber sowie Meister Martin den jungen Ritter anblickte, prallte er drei Schritte zurück, schlug die Hände zusammen und rief: "O Herr des Himmels! — Konrad!" — Der Ritter sprach lächelnd: "Ja wohl, lieber Meister, bin ich Euer Geselle Konrad. Verzeiht mir nur

71

die Wunde, die ich Euch beigebracht. Eigentlich, lieber Meister, mußt ich Euch totschlagen, das werdet Ihr wohl einsehen, aber nun hat sich ja alles ganz anders gefügt." Meister Martin erwiderte ganz verwirrt, es sei doch besser, daß er nicht totgeschlagen worden, aus dem bißchen Ritzen mit dem Lenkbeil habe er sich gar nichts gemacht. Als Martin nun mit den neuen Gästen eintrat in das Zimmer, wo die Brautleute mit den übrigen versammelt waren, geriet alles in ein frohes Erstaunen über die schöne Dame, die der holden Braut so auf ein Haar glich, als sei es ihre Zwillingsschwester. Der Ritter nahte sich mit edlem Anstande der Braut und sprach: "Erlaubt, holde Rosa, daß Konrad Euerm Ehrentag bei- wohne. Nicht wahr, Ihr zürnt nicht mehr auf den wilden, unbesonnenen Gesellen, der Euch beinahe großes Leid bereitet?" Als nun aber Braut und Bräutigam und der Meister Martin sich ganz verwundert und verwirrt anschauten, rief der alte Herr von Spangenberg: "Nun, nun, ich muß euch wohl aus dem Traum helfen. Das ist mein Sohn Konrad, und hier möget ihr seine liebe Hausfrau, so wie die holde Braut Rosa geheißen, schauen. Erinnert Euch, Meister Martin, unseres Gesprächs. Als ich Euch frug, ob Ihr auch meinem Sohne Eure Rosa verweigern würdet, das hatte wohl einen besonderen Grund. Ganz toll war der Junge in Eure Rosa verliebt, er brachte mich zu dem Entschluß, alle Rücksicht aufzugeben, ich wollte den Freiwerber machen. Als ich ihm aber sagte, wie schnöde Ihr mich abgefertigt, schlich er sich auf ganz unsinnige Weise bei Euch ein als Küper, um Rosas Gunst zu erwerben und sie Euch dann wohl gar zu entführen. Nun! — Ihr habt ihn geheilt mit dem tüchtigen Hiebe übern Rücken! — Habt Dank dafür, zumal er ein edles Fräulein fand, die wohl am Ende *die* Rosa sein mochte, die eigentlich in seinem Herzen war von Anfang an."

Die Dame hatte unterdessen mit anmutiger Milde die Braut begrüßt und ihr ein reiches Perlenhalsband als Hochzeitsgabe eingehängt. "Sieh, liebe Rosa," sprach sie dann, indem sie einen ganz verdorrten Strauß aus den blühenden Blumen, die an ihrer Brust prangten, hervorholte, "sieh, liebe Rosa, das sind die Blumen, die du einst meinem Konrad gabst als Kampfpreis, getreu hat er sie bewahrt, bis er mich sah, da wurd er dir untreu und hat sie mir verehrt, sei deshalb nicht böse!" Rosa, hohes Rot auf den Wangen, verschämt die Augen niederschlagend, sprach: "Ach, edle Frau, wie möget Ihr doch so sprechen, konnte denn wohl der Junker jemals mich armes Mägdlein lieben? *Ihr* allein wart seine Liebe, und weil ich nun eben auch Rosa heiße und Euch, wie sie hier sagen, etwas ähnlich sehen soll, warb er um mich, doch nur Euch meinend."

Zum zweitenmal wollte sich der Zug in Bewegung setzen, als ein Jüngling eintrat, auf italische Weise ganz in schwarzen, gerissenen Samt gekleidet, mit zierlichem Spitzenkragen, und reiche goldene Ehrenketten um den Hals gehängt. "O Reinhold, mein Reinhold," schrie Friedrich und stürzte dem Jüngling an die Brust. Auch die Braut und Meister Martin riefen und jauchzten: "Reinhold, unser wackerer Reinhold ist gekommen." "Hab ich's dir nicht gesagt," sprach Reinhold, die Umarmung feurig erwidernd, "hab ich's dir nicht gesagt, mein herzlieber Freund, daß sich noch alles gar herrlich für dich fügen könnte? — Laß mich deinen Hochzeitstag mit dir feiern, weit komm ich deshalb her, und zum ewigen Gedächtnis häng das Gemälde in deinem Hause auf, das ich für dich gemalt und dir mitgebracht." Damit rief er heraus, und zwei Diener brachten ein großes Bild in einem prächtigen goldenen Rahmen hinein, das den Meister Martin in seiner Werkstatt mit seinen Gesellen Reinhold,

73

Friedrich und Konrad darstellte, wie sie an dem großen Faß arbeiten und die holde Rosa eben hineinschreitet. Alles geriet in Erstaunen über die Wahrheit, über die Farbenpracht des Kunstwerks. "Ei," sprach Friedrich lächelnd, "das ist wohl dein Meisterstück als Küper, das meinige liegt dort unten im Flur, aber bald schaff ich ein anderes." "Ich weiß alles," erwiderte Reinhold, "und preise dich glücklich. Halt nur fest an deiner Kunst, die auch wohl mehr Hauswesen und dergleichen leiden mag als die meinige." —

Bei dem Hochzeitsmahl saß Friedrich zwischen den beiden Rosen, ihm gegenüber aber Meister Martin zwischen Konrad und Reinhold. Da füllte Herr Paumgartner Friedrichs Pokal bis an den Rand mit edlem Wein und trank auf das Wohl Meister Martins und seiner wackern Gesellen. Dann ging der Pokal herum, und zuerst der edle Junker Heinrich von Spangenberg, nach ihm aber alle ehrsamen Meister, wie sie zu Tische saßen, leerten ihn auf das Wohl Meister Martins und seiner wackern Gesellen

www.ingramcontent.com/pod-product-compliance
Ingram Content Group UK Ltd.
Pitfield, Milton Keynes, MK11 3LW, UK
UKHW042147280225
455719UK00001B/171